THIS INTIMATE WAR:
GALLIPOLI/ÇANAKKALE 1915

İÇLİ DIŞLI BİR SAVAŞ:
GELİBOLU/ÇANAKKALE 1915

Dr Robyn Rowland, who is a highly respected and eminent Australian scholar and has played a leading part in contemporary studies on women's rights, identity and social issues, is also a much-admired and internationally acclaimed poet. Besides her extensive high-calibre academic work, she has already published several books of poetry and rightly earned her literary fame. Among her poetical interests, it is the Gallipoli battles and the agonising but also heroic Anzac experience of these battles that have much inspired and moved her, and this book of the Gallipoli poems is the outcome of her thoughts and sentiments intensely felt and expressed. In fact, she has looked at the Gallipoli experience not only through the eyes of the Anzacs but also through the eyes of the Turkish soldiers. With an epic perspective and overwhelming emotionality, she has created a lasting and moving saga of the Anzac and Turkish warriors in conflict as well as intimate comradeship. Critical of imperialist politicians and ill-planned logistics, Dr Rowland draws in her poetry extensively both upon her own impeccable observations of the battle areas but also upon the Anzac diaries and letters as well as Turkish narratives concerning Gallipoli. Her powerful style and also her descriptive and perceptive sensitivity create in the mind of the reader a vivid and enduring picture of the agonies, sufferings, and heroic fighting that characterise the human tragedy of Gallipoli. In translating impeccably Dr Rowland's poems into Turkish, Professor M. Ali Çelikel has commendably conveyed the epic depth and literary qualities embodied in the poems.

> Professor Himmet Umunç Ph.D. Başkent University, President, English Language and Literature Research Association of Turkey.

These poems draw on works of history and private testimonial. They are what this age needs: poems about war that do not glorify war; poems that, for all their considerable rhetorical power, nowhere distance themselves from pain, brutality and callous error. These poems are immediate and unwavering; they are also deeply thoughtful. In them, Robyn Rowland considers war from what were enemy positions; also, from the perspective of mothers and factory workers. Very few collections bring home so powerfully the vulnerability of individuals in the face of history. This collection certainly takes its place among Robyn Rowland's best work. It is a courageous achievement.

> Dr Lisa Gorton, Poetry Editor, Australian Book Review

Dr Robyn Rowland, kadın hakları, kadın kimliği ve kadınların sosyal sorunları konularında yapılan günümüz araştırmalarında öncü bir rol oynayan, çok saygın ve seçkin Avustralyalı bir akademisyen ve aynı zamanda büyük beğeni toplayan ve uluslararası bir üne sahip bir şairdir. Çok yoğun ve yüksek nitelikli bilimsel yayınlarının yanı sıra, Dr Robyn birçok şiir kitapları da yayınlamış ve edebiyat alanında haklı bir üne kavuşmuştur. Şiirlerinde kendisinin en çok ilgisini çeken konulardan birisi, Çanakkale savaşlarıdır. Anzak askerlerinin bu savaşlara ilişkin yaşadıkları acılar ve ortaya koydukları kahramanlıklar, kendisini çok duygulandırmış ve şiirlerinin esin kaynağı olmuştur. İşte Çanakkale şiirlerini içeren bu kitabı, kendisinin yoğun olarak hissettiği ve anlattığı duygu ve düşüncelerinin bir sonucudur. Aslında, kendisi, Çanakkale savaşlarına, sadece Anzak gözüyle değil, Türk askerlerinin gözüyle de bakmıştır. Destansı bir bakışla ve olağanüstü bir duygu bağlamında, Dr Rowland, savaşan ve aynı zamanda yakın dostluk kuran Anzak ve Türk savaş kahramanlarının kalıcı ve duygulandıran bir öyküsünü ortaya koymuştur. Adi emperyalist siyasetçilere ve çok kötü yürütülen destek hizmetlerine ilişkin yer yer hicvedici ve alaycı ifadeler kullanarak, Dr Rowland, şiirlerinde, hem savaş alanları ile ilgili kendi kişisel gözlemlerine hem de Anzak askerlerinin günlükleri ve mektupları ile Çanakkale savaşları hakkındaki Türk anlatımlarına geniş yer vermektedir. Güçlü anlatımı ve tasvirlerindeki ince duyarlılığı, okuyucunun kafasında, Çanakkale'deki insan tragedyasını oluşturan acıların, ıstırapların ve yiğitçe çarpışmaların canlı ve kalıcı bir resmini yaratmaktadır. Dr Rowland'ın şiirlerinin Türkçe çevirisini yapan Doç. Dr. M. Ali Çelikel, şiirlerin içerdiği destan derinliğini ve edebî nitelikleri, mükemmel bir şekilde aktarmıştır.

Profesör Himmet Umunç Ph.D. Başkent Üniversitesi, Türkiye
İngiliz Dili ve Edebiyatı Araştırmaları (IDEA) Başkanı

Bu şiirler tarihe ve kişisel tanıklıklara dayanmaktadır. Bu da günümüzde en çok ihtiyaç duyduğumuz şeydir: savaşı yüceltmeyen savaş şiirleri; retorik gücüne rağmen, kendini acıdan, vahşetten, duyarsız hatalardan uzak tutmayan şiirler. Dolaysız ve tereddütsüzdür yazılmış bu şiirler; aynı zamanda derin düşünceler uyandırmaktadır. Bu şiirlerde, Robyn Rowland savaşı düşmanın durumu açısından değerlendirmekte; aynı zamanda annelerin ve fabrika işçilerinin bakış açısıyla da ele almaktadır. Tarih karşısında bireylerin kırılganlığının bu denli güçlü görünmesini sağlayan şiir kitapları oldukça azdır. Bu kitapta toplanan şiirler, hiç kuşkusuz, Robyn Rowland'ın en iyi çalışmalarını arasındadır. Yürekli bir çalışma.

Dr Lisa Gorton, Şiir Editörü, Australian Book Review

First published by Five Islands Press, 2015
This edition published by Spinifex Press, 2018

Spinifex Press Pty Ltd
PO Box 5270, North Geelong, Victoria 3215
PO Box 105, Mission Beach, Queensland 4852
Australia

women@spinifexpress.com.au
www.spinifexpress.com.au

Cover design: Deb Snibson
Cover image: Fehmi Korkut Uluğ
Typeset in Adobe Garamond
Printed by McPherson's Printing Group

 A catalogue record for this
book is available from the
National Library of Australia

9781925581386 (paperback)
9781925581416 (ebook: epub)
9781925581393 (ebook: pdf)
9781925581409 (ebook: kindle)

This project has been assisted by the Australian Government through
the Australia Council, its arts funding and advisory body.

This Intimate War:
Gallipoli/Çanakkale 1915

İçli Dişli Bir Savaş:
Gelibolu/Çanakkale 1915

Robyn Rowland
Translations by Mehmet Ali Çelikel

Biographical notes: Robyn Rowland

Dr Robyn Rowland AO has thirteen books, ten of poetry, most recently *Mosaics from the Map* (Doire Press, Ireland). Her poetry appears in national and international journals and in over forty anthologies, including eight *Best Australian Poems*, with editors Les Murray, Robert Adamson, Lisa Gorton and Geoff Page and Sarah Holland-Batt.

Robyn's work has been awarded a number of prizes and she has published and read her work in Australia, Ireland, Japan, Bosnia, Serbia, Austria, Turkey, Canada, New Zealand, Portugal, the UK, the USA, Greece and Italy. Her poetry has been featured on Australian and Irish national radio programs. Robyn has two CDs, *Off the tongue* and *Silver Leaving: Poems & Harp*. Irish–Australian, she lives half-time in Connemara, Ireland. Previously Professor of Social Inquiry and Women's Studies at Deakin University, she retired in 1996, when she was also made an Officer in the Order of Australia for her contribution to higher education and women's health.

Robyn received an Established Writer's Literature Board grant to complete research and write poems on Turkey. She was an Honorary Fellow, School of Culture and Communication, University of Melbourne, Australia 2008–2012; was a member of the National Advisory Council for Australia Poetry Ltd 2010–2013; curated and presented the Poetry & Conversation Series for the Geelong Library Corporation, 2010–2013; and was inaugural Deputy Chair of the Board of the Australian Poetry Centre 2007–2009.

Özgeçmişler: Robyn Rowland

Dr Robyn Rowland AO, onu şiir olmak üzere on üç kitap yayımlamıştır. Bunlara son kitabı *Mosaics from the Map* (Doire Press, Ireland) dahildir. Şiirleri ulusal ve uluslararası dergilerde ve kırkın üzerinde antolojide yayımlanmıştır. Bunların sekizi Les Murray, Robert Adamson, Lisa Gorton ve Geoff Page ve Sarah Holland-Batt editörlüğünde yayımlanan *Best Australian Poems* antolojileridir.

Robyn çalışmalarıyla pek çok ödül almış ve Avustralya, İrlanda, Japonya, Bosna, Sırbistan, Avusturya, Türkiye, Kanada, Amerika Birleşik Devletleri, Yunanistan ve İtalya'da şiir okuma etkinlikleri düzenlemiş ve şiirlerini yayımlatmıştır. Şiirlerine Avustralya ve İrlanda'daki ulusal radyo programlarında yer verilmiştir. Robyn'in *Dilden Öteye ve Gümüş Ayrılık: Şiir ve Arp* adlı iki şiir CD'si bulunmaktadır. İrlanda kökenli bir Avustralyalı olan Robyn, yılın yarısını, Connemara'da, İrlanda, geçirmektedir. Deakin Üniversitesi, Sosyal Araştırmalar ve Kadın Çalışmaları Profesörü olarak çalışan Robyn, 1996'da emekli olmuş, eğitime ve kadın sağlığına yaptığı katkılar nedeniyle, Order of Australia sivil madalyasına layık görülmüştür.

Robyn'e Established Writer's Literature Board tarafından Türkiye üzerine araştırma yapması ve şiir yazması için bir fon verilmiştir. 2008–2012 yılları arasında Avustralya Melbourne Üniversitesi, Kültür ve İletişim Okulunda Onursal Öğretim Üyesi olmuştur; 2010–2013 yılları arasında National Advisory Council üyeliğinde bulunmuş; aynı yıllarda Geelong Library Cooperation'da Şiir ve Söyleşi dizilerinin kürat.rlüğünü ve sunuculuğunu yapmış; ve 2007–2009 yıllarında Avustralya Şiir Merkezi Kurulunun kurucu Başkan Yardımcılığı görevini yürütmüştür.

Biographical notes: Mehmet Ali Çelikel

Dr Mehmet Ali Çelikel completed his MA in English Language and Literature at the University of Hertfordshire in England in 1997. He was awarded his PhD with a thesis entitled 'The Post-Colonial Condition: The Fiction of Rushdie, Kureishi and Roy' at Liverpool University in England in 2001. He worked in the Department of English Language and Literature, Yüzüncü Yıl University in Van between 2002–2008. His book on post-colonial novels in Turkish, *Sömürgecilik Sonrası İngiliz Romanında Kültür ve Kimlik* [Culture and Identity in Postcolonial English Novel] was published in 2011. His second academic book *Çağdaş İngiliz Yazınında Küreselleşme, Göç ve Kültür* [Globalization, Migraton and Culture in Contemporary British Fiction] was published in 2017. He has several publications in academic journals on post-colonial and postmodern fiction. He also writes short stories. He currently works as a Professor at the Department of English Language and Literature, Pamukkale University in Denizli, Turkey.

Özgeçmişler: Mehmet Ali Çelikel

Dr Mehmet Ali Çelikel yüksek lisansını 1997'de, İngiltere Hertfordshire Üniversitesi'nde, İngiliz Dili ve Edebiyatı Alanında tamamlamıştır. Doktorasını 2001 yılında 'The Post-Colonial Condition: The Fiction of Rushdie, Kureishi and Roy' başlıklı teziyle yine İngiltere'de, Liverpool Universitesi'nde almıştır. 2002–2008 yılları arasında Van Yüzüncü Yıl Üniversitesi, İngiliz Dili ve edebiyatında çalışmıştır. 2011yılında *Sömürgecilik Sonrası İngiliz Romanında Kültür ve Kimlik* adlı kitabı yayımlanmıştır. İkinci akademik kitabı *Çağdaş İngiliz Yazınında Küreselleşme, Göç ve Kültür* 2017'de yayımlanmıştır. Sömürgecilik sonrası ve postmodern edebiyat üzerine akademik dergilerde yayımlanmış makaleleri bulunmaktadır. Kısa öyküler yazmaktadır. Halen Denizli Pamukkale Üniversitesi, İngiliz Dili ve Edebiyatı Bölümünde Profesör olarak çalışmaktadır.

Acknowledgements

Poems here have been published in: *Sözcükler Dergisi* (Turkey), *Agenda Poetry* (UK), *Australian Book Review, Cordite Poetry Review* (bilingual, online), *Australian Poetry Members' Anthology 2014, Eureka Street, Dazzled,* anthology for the long list for Canberra University Vice Chancellor's International Poetry Prize, 2014.

To my sister-in-law Sevil Kılıç Rowland, thank you for introducing me to Turkey and its wonderful history and people. Thanks to Azer Banu Kemaloğlu for your friendship and support, and for introducing me to my translator and dear friend Mehmet Ali Çelikel; and to the Australian Consul Nicholas Sergi, and to Barış Kaya, for your support and interest in my work. To Fehmi Korkut Uluğ for your wonderful paintings and permission to use one for the book cover – my appreciation for your generosity. To all those who helped with stories and information, such as Aykut Şölen (photos of boy soldiers), thank you, and to Turkish friends who sustain this pilgrimage in a new country, such as Meral Kuşçu and Şerif Ali Ermiş. To Alex Skovron, thank you for your reading of the manuscript and for our wonderful shared experiences in poetry and in friendship, including much laughter! To Diane Fahey, my thanks for your companionship along the road of poetry and life, and for your careful reading of the final work; and to Paul Casey for an earlier reading that sustained me through my doubt. This has been a powerful, and sometimes distressing journey into history and poetry, and I am grateful for the opportunity to pursue it. My deep appreciation to the Literature Board of the Australia Council, who supported my work in Turkey with an Established Writer's Grant that came to me labelled 'salary' for a project still in process, but from which this book emerged. Finally, to Mehmet Ali Çelikel, thank you for your friendship, deep attention to my poetry and your unfailing support of the work we do together.

Teşekkür

Buradaki şiiler Türkiye'de: *Sözcükler Dergisi'nde, Australian Book Review'da, Agenda Poetry* (UK), *Cordite Poetry Review'da* (çiftdilli olarak, internet üzerinden), *Australian Poetry Members' Anthology 2014'te, Eureka Street, Dazzled'da,* Canberra Üniversitesi Rektörlük Uluslararası Şiir Ödülü için 2014'te hazırlanan antolojide yayımlanmıştır.

Yengem Sevil Kılıç Rowland'a, bana Türkiye'yi, harikulade tarihini ve insanlarını tanıttığı için teşekkürler. Azer Banu Kemaloğlu'na dostluğu ve desteği, ve beni çevirmenim ve sevgili arkadaşım Mehmet Ali Çelikel ile tanıştırdığı için; Avustralya Konsolosu Nicholas Sergi'ye ve Barış Kaya'ya, destekleri, şiirime ve çalışmalarıma gösterdikleri ilgi için teşekkürlerimi sunuyorum. Fehmi Korkut Uluğ'a, harika tablolarından birinin kapak resmi olarak kullanılmasına izin vererek gösterdiği cömertlik için minnettarım. Anlattıkları öyküler ve verdikleri bilgiler için, başta özellikle çocuk askerlerin fotoğrafları için Aykut Şölen olmak üzere herkese, ve yeni bir ülkeye olan bu yolculukta yanımda olan Türk arkadaşlarım Meral Kuşçu ve Şerif Ali Ermiş'e teşekkürler. Alex Skoyron'a taslağı okuduğu için, şiir ve arkadaşlıkta paylaştığımız, kahkahalarla dolu harika deneyimler için teşekkür ederim! Diane Fahey'e, şiir ve hayat yolunda bana eşlik ettiği, kitabın son okumalarını yaptığı için; ve Paul Casey'e çalışmanın başlarındaki okumalarıyla kaygılarımı atlatmama yardımcı olduğu için çok teşekkürler. Bu, tarihe ve şiire yapılan zorlu ve kimi zaman da üzücü bir yolculuktu. Bu fırsatı yakaladığım için minnettarım. Literature Board of the Australia Council'a, içinden bu kitabın çıkmasını sağlayan ve hâlâ proje aşamasında olan Türkiye'deki çalışmalarıma verdikleri neredeyse 'maaş' haline gelen destekleri için en derin teşekkürlerimi sunuyorum. Son olarak, Mehmet Ali Çelikel'e, şiirime gösterdiği özeni, derin ilgisi, birlikte yaptığımız işe olan tükenmez desteği ve dostluğu için teşekkürler.

Translator's Acknowledgments

This work would not have been possible without several people in my life. First of all, I would like to thank my dear friend Azer Banu Kemaloğlu for introducing me to Robyn Rowland as someone who could translate her poems into Turkish, thus creating an opportunity for me to translate Robyn's powerful and beautiful poems into Turkish. I am grateful to Esat Bozbıyık and Tayfun Dindar, the management of Şiir Hotel in Denizli, for dedicating a room to Robyn Rowland's name at their hotel and for organising a poetry reading event at their beautiful venue in April 2014. I would also like to thank Catherine Yiğit and Prof. Dr. Himmet Umunç for proofreading the manuscript and for their suggestions and criticisms. I'd like to take this opportunity to pay my tribute to Prof. Dr. Talat S. Halman, who sadly passed away before the publication of this book, for his praise for my translations in this book. I am grateful to my wife, Hatice Çelikel, for her understanding and patience during my nocturnal sessions on these translations. And Robyn, I cannot thank you enough for your belief in me, not only as a poet, but also as a friend. Since our first meeting in Bursa, thank you very much for the wonderful time, experience, advice, knowledge and the wonderful joy of poetry you have given me. Thank you very much for everything you taught me and for starting a new phase in my life.

Çevirmenin Teşekkürü

Bu çalışma, hayatımda pek çok insanın varlığı olmadan gerçekleşemezdi. Öncelikle, değerli arkadaşım Azer Banu Kemaloğlu'na beni Robyn Rowland ile şiirlerini çevirebilecek biri olarak tanıştırdığı ve bana onun şiirlerini Türkçe'ye kazandırma fırsatı yarattığı için teşekkür etmek istiyorum. Başta Esat Bozbıyık ve Tayfun Dindar olmak üzere, Denizli'deki Şiir Hotel yönetimine, otellerinde bir odaya Robyn Rowland adını verdikleri ve otellerinde Nisan 2014'e bir şiir etkinliğine ev sahipliği yaptıkları için minnettarım. Catherine Yiğit'e ve Prof. Dr. Himmet Umunç'a kitabın son okumaları ve önerileri için sonsuz teşekkürler. Burada, ne yazık ki bu kitabın basımından önce yitirdiğimiz Prof. Dr. Talat S. Halman'a bu kitaptaki çevirilerime yaptığı övgüler için saygı ve özlem dolu teşekkürlerimi sunmadan geçemeyeceğim. Her zaman olduğu gibi eşim Hatice Çelikel'e geceler boyu sürdürdüğüm çalışmalarıma gösterdiği sabır ve anlayış için minnettarım. Ve son olarak, Robyn, sana yalnızca bir şair olarak değil, bir arkadaş olarak da bana inandığın için ne kadar teşekkür etsem azdır. Bursa'daki ilk tanışmamızdan bu yana, bana verdiğin deneyim, bilgi ve paha biçilmez şiir coşkusu, bana öğrettiğin her şey ve hayatımda açtığın yeni dönem için sonsuz teşekkürler.

... the past is not for living in; it is a well of conclusions from which we draw in order to act.
— John Berger

We're friends until the day we die and not just that — our families, our sons, grandsons ... it was a long time ago.
— Memish Bayraktir,
interview in Harvey Broadbent, *The boys who came home.*

... geçmiş içinde yaşamak için değildir; eyleme geçmek için çekildiğimiz bir sonuçlar kuyusudur.
— John Berger

Öleceğimiz güne kadar arkadaşız, sadece bu kadar da değil — ailelerimiz, oğullarımız, torunlarımız ... her şey çok geride kaldı.
— Memiş Bayraktır,
röportaj, Harvey Broadbent, *Eve Gelen Çocuklar.*

Contents

İçindekiler

thank heavens

faith is everywhere like bloodied green grass,
flying stone, screams of thousands in the din of dying,

sweet jesus, allahu akbar, mary mother of god,
yes sir, sergeant, commander, captain, lieutenant,

necessary as breath when the voice screams *attack!*
obey, obey, obey, smother that tremble,

fling your body over the trench-bank, *charge!*
feel your friend run beside you, grunt, drop,

run, keep running, forward, push those legs,
remember those childhood races, the prize,

bayonets are gleaming in the bright sun,
fields of starlight glinting before you so lovely,

waves of light moving towards each other,
the sound of cymbals? *no*, god NO!

the shock of his eyes up close,
stink on his breath – fear – and lunge in,

up under his chin to the spinal cord,
steel dulled, crimson as faith,

sweet jesus, allahu akbar, mary mother of god,
it wasn't needed for long

şükürler olsun

her yerde inanç var kana bulanmış yeşil otlar gibi,
uçan taşta, ölümün eşiğindeki on binlerin çığlığında,

yüce isa, allahü ekber, meryem ana,
emret, çavuşum, komutanım, yüzbaşım, teğmenim,

nefes kadar lazım *hücum!* diye haykıran o ses
itaat, itaat, itaat, ancak öyle geçer ürpertim,

at bedenini siperlerin dışına, *taarruz et!*
yanında koşan arkadaşın inleyip düşüyor, hisset,

koş, durmadan koş, ileri, zorla bacakları,
hatırla o çocukluk yarışlarını, ödülü,

süngüler parıldıyor güneş ışığında,
karşında ışıldayan yıldız tarlaları ne harika,

birbirlerine yaklaşırken ışık dalgaları,
zillerin sesi mi duyulan? *hayır,* tanrım HAYIR!

kapanan gözlerinin şoku,
nefesindeki koku – korku – ve saldırı,

içinde, çenesinden yukarıda, omurgada,
körelmiş çelik, inanç kadar kızıl,

yüce isa, allahü ekber, meryem ana,
hiçbir şey gerekmez artık bana

The Folly of Myth: Prologue, 1915

I   Desire and myth

Think of fighting ... on the plains of Troy itself! I am going to take my Herodotus as a guide-book.
— Patrick Shaw-Stewart, poet and soldier at Gallipoli

Three small boys, ten years old, careen among torpedoes, mines,
in green grounds around Çimenlik Kalesi, stone fortress
built by Mehmet the Conqueror, to stop Crusaders, Venetians,
protect the Dardanelles. Mimosa sweetens a grey sea of weapons.
Valerian, deep pink and white, flowers between stones of its high walls.
In orange t-shirt, the tallest has a smile bigger than a cannon's mouth.

They climb steel-net anchors used to stop allied subs with
black-and-white arrowhead hooks to dig into sand.
If all three boys splayed along the huge shank from its throat
they would fit with room to spare. They love the camera.
Fearless they quiz and laugh repeating, 'hello', 'hello'.
Go serious. Pose for destiny. Think of wars and heroic deeds.

Troy is just down the road. Bone-house of heroes.
When my boy stood there he saw Achilles and Hector,
armies over a hundred thousand, blood on their spears.
I smelt fear, heard the scurry to hide girls. At that crumbled gate
Priam watched his son's body dragged ragged behind horses.
I prayed to any god that my sons navigate manhood without war.

When the British came they sailed in the wash of Agamemnon.
Every English Officer and Gentleman grew up with
Homer in his hand, unruined Troy on his horizon.
Greek history was furrowed ground where skeletons of immortal
dreams sprout to life. From a country where the rich built
fake ruins for their 'follies', they longed for ancient valour.

Mitos Aldanması: Giriş, 1915

I Arzu ve Mitos

Vuruşmayı düşün ... Hem de Truva düzlüklerinde! Herodot'u rehber alacağım kendime.
— Patrick Shaw-Stewart, şair ve Gelibolu'da asker

Üç küçük çocuk, on yaşında, koşturuyor mayınlar, torpidolar arasında,
Çimenlik Kalesi'nin yeşilliğinde, taş surlarında,
Fatih Sultan Mehmet'in yaptırdığı o surlarda, durdurmak için Haçlıları,
    Venediklileri,
koruyorlar Dardanel'i. Mimozalar tatlandırıyor silahların gri denizini.
Kediotları çiçek açıyor, pembe ve beyaz, yüksek duvarların çatlaklarında.
Turuncu tişörtüyle en uzun boylunun, top ağzından büyük bir gülücük
    var ağzında.

Çelik ağları tırmanıyorlar uçlarına siyah beyaz oklar bağlı
müttefik denizaltılarını durdurmak için uçları kuma saplı.
Üçü de geçip ağın boğazından sarılsalar gövdeye eğer
sığıp çıkacaklar boşluğa. Objektifleri pek severler.
Korkusuzca sorup dururlar 'merhaba,' 'merhaba' diye selamlıyorlar.
Ciddi ol şimdi. Kaderine poz ver. Düşünülecek şey savaş ve kahramanlıklar.

Hemen yolun altındadır Truva. Kahramanların kemikten evleri.
Oğlum durup baktı, Akhilleus ve Hektor'u gördü,
orduları gördü, mızraklarının ucu kanlı yüz binlerce askeri.
Ben korkunun kokusunu aldım, telaş içinde gizledim kızları. Parçalanmış
    o kapıda
Priamos oğlunun sürüklenip lime lime edilişini izledi atların ardında.
Tanrıya yakardım, oğullarım insanlığın yolundan gitsin savaşsız bir dünyada.

İngilizler, Agamemnon'un dalgalarında yelken açıp geldiler.
Her İngiliz subayı ve Beyefendisi ellerinde Homeros,
ufuklarında yıkılmamış bir Truva hayaliyle büyüdüler.
Ölümsüzlük düşlerinin hayat bulduğu bu topraklar
izlerini taşır Yunan tarihinin. Zenginlerin sahte kaleler
minyatürler inşa ettiği topraklardan gelip, eski çağlardan hamaset aradılar.

Bred on the classics, lusting for another Troy, they camped
in castle grounds on Tenedos and dreamed at night
of sending their ships up the straits to the city of gold.
Straddling present and past above the cove in which the Greeks
waited for a signal that the Trojans had accepted the horse,
modern pride swelled to think they would follow in their wake.

They carried their empire with them – the defeated, the colonised,
the unaware. They so desired Constantinople, mythic, it floated as a
jewelled palace in their minds; like forbidden fruit, it stirred their loins;
exotic, it wove gauzy dreams of riches, of women, wanton, depraved,
eager to be unveiled. *To Constantinople and the Harems*
screamed one Australian troopship's banner.

II   Naval Battle of Çanakkale, March 18, 1915

*Oh God! I've never been quite so happy in my life … I suddenly realize the ambition
of my life has been since I was two – to go on a military expedition against
Constantinople.*
        – Rupert Brooke, English poet, died of blood poisoning two days
        before the Gallipoli landing.

Centuries in the Ottoman court, careful diplomacy.
Yet still they misunderstood a deep culture –
soldiers ill-resourced but clever, dedicated,
who would lie down and die to defend their homeland
as the English would themselves in a war to come.
In March and April, Britain secretly carved up
the Ottoman Empire with France and Russia.
Ignorant of history other than their own,
they wanted to finish off the 'sick man of Europe'.

Klasiklerden beslenip, yeni bir Truva ihtirasıyla, karargâh kurdular
Tenedos kalesinde, gemilerini boğazlardan geçirip
göndermenin düşünü kurdular geceleri taşı toprağı altın şehre.
Bir ayakları geçmişte ve bir ayakları bugünde dururlar Yunanlıların
Truvalıların atı içeri aldığı işaretini beklediği kovukta,
uyanınca onların izini süreceklerini sandılar modern bir gururla.

Yanlarında taşıdılar imparatorluğu – yenilmiş, sömürgeleşmişti,
farkında değildi. Öyle istediler ki Constantinople'u, bir efsaneydi,
akıldan çıkmayan mücevherler, yasak meyve gibi, arzularını kabarttı;
o esrarlı şehir, puslu zenginlik düşleri; peçesi açılacak, baştan çıkarılacak
kadınlar. *Constantinople'a ve Haremlere*
diye bağırıyordu Avustralya savaş gemisinin coşkulu pankartı.

II   Çanakkale Deniz Savaşı, 18 Mart, 1915

Tanrım! Hayatımda hiç bu kadar mutlu olmadım ... Hayatımın amacı – iki
yaşımdan beri – Constantinople'a karşı bir harekâta katılmakmış hep, şimdi
anladım.
   – Rupert Brooke, İngiliz şair, Gelibolu çıkartmasından
   iki gün önce kan zehirlenmesinden öldü.

Osmanlı sarayında yüzyıllarca incelikli diplomasi.
Yine de anlamadılar o kültür derinliğini –
kaynakları kısıtlı ama zeki, kendini adamış askerler,
vatanlarını savunmak için kendilerini feda eder, ölürler
tıpkı gelecek savaşta ölüme gidecek İngilizler gibi.
Mart ve Nisan, gizlice parçalıyor Britanya
Osmanlı İmparatorluğu'nu Fransa ve Rusya ile arasında.
Kendilerininkinden başka tarihi bilmezler,
'Avrupa'nın hasta adamını' bitirmek ister.

Four fortresses, paired, built by Sultans experienced in
ocean warfare, guarded both sides of the passage.
Toward open sea Seddulbahir faced ruined Imbros;
further up Kalitbahir, the 'Key of the Sea', trefoil wall
lock-shaped; opposite Kale-i Sultanieh, Çimenlik Kalesi.
Stone, multi-walled, their towers had watched many trespassers,
many wars. Their seas were written into the soul of the greatest map-maker,
Piri Reis. Gelibolu had drawn the filaments of his flesh into life.
Ottomans had old knowledge of that place. Their history was there.

As the British and the French knew their channel,
so the Turks knew theirs. Those waters mix the densities
of two seas, their pulses throb in the whisper of opposing currents.
On February 19, the first attack by water, 18 English battleships scatter.
Churchill drives the navy on to increase its efforts in the straits.
March 4, Admiral Carden expects to arrive in Istanbul in fourteen days.
March 18, Çimenlik and Kali Bathir are bombed.
In Çanakkale, forty houses collapse from the tremors.
People weep huddled in the cold as their town drowns in flames.

But the February assault had served as warning.
Turkish minelayer *Nusret* has ferried out nests of mines to populate
the channel up to the narrows. Seeds of death so perfectly
dark and round with their black horns of sulphuric acid
await the touch of a ship's bow to flower into life.
North Sea fishermen hired to clear the waters, confused by
capricious currents, have been sent scurrying by open fire,
job incomplete. But there is a schedule to be kept
and the British like to be punctual.

Majestic, their armada of 16 battleships, including
Inflexible, Lord Nelson, Irresistible – Agamemnon –
advances up the straits, guns bellowing.
Sun beats down.
The French *Bouvet* sinks in three minutes,
thirty survivors only from its six hundred men.
Minesweepers with civilian crew under constant fire, retreat.
Irresistible and *Ocean* go down.
Inflexible and two French ships limp away.

Sultanların yaptırdığı, ikişerli dört kale
derya savaşlarını yaşamış, korumuş boğazı iki yakadan.
Açık denize doğru Seddülbahir, yıkıntılar içindeki Gökçeada'ya bakar;
daha yukarıda Kilitbahir, 'Denizlerin Anahtarı', duvarı yonca biçimi
kilide benzer; karşısında Kale-i Sultaniye, Çimenlik Kalesi.
Taştan, bol duvarlı, kuleleri izlemiştir her izinsiz geçeni,
pek çok savaşı. En büyük haritacının, Piri Reis'in ruhuna,
yazılıdır bu denizler. Onun etine lifleriyle hayat vermiştir Gelibolu.
Osmanlılar eskiden beri bilir orayı. Oradadır tarihleri.

Nasıl biliyorsa İngiliz ve Fransızlar geçecekleri yolu,
Türkler de biliyordu suyolunu. O sular birbirine karıştırır
iki denizin yoğunluğunu, çırpıntıları iki karşıt akıntının fısıltılarında çarpışır.
19 Şubat'ta, ilk su akınında, 18 İngiliz savaş gemisi dağılır.
Sürer Churchill donanmayı daha da ileri, artsın diye boğazlardaki baskısı.
4 Mart, Amiral Carden on dört gün içinde İstanbul'a gelecektir.
18 Mart, Çimenlik ve Kilitbahir bombalar altındadır.
Çanakkale'de kırk ev sarsıntıdan yıkılır.
Yuttukça şehri alevler, insanlar soğukta birbirlerine sarılıp ağlar.

Fakat bir uyarıydı Şubat saldırısı.
Türk mayın gemisi *Nusret* mayından ağlarla ördü boğazı
bir kıyıdan bir kıyıya. Bekler boğazda kusursuz ölüm tohumları
kara ve yuvarlak sülfürik asitten kara boynuzlarıyla,
bekler çiçek açmayı bir geminin sade dokunuşuyla.
Suları temizlemek için tutulan Kuzey Denizli balıkçılar,
değişken akıntılardan şaşkın, yaylım ateşi altında kaçışmaktadırlar,
iş tamamlanmamıştır. Fakat izlenecek bir plan var
ve sever İngilizler her işi zamanında yapmayı.

Heybetli donanmaları, 16 savaş gemisiyle, aralarında
Inflexible, Lord Nelson, Irresistible – Agamemnon –
yukarıya doğru ilerliyor boğazda, kükrüyor silahları.
Güneş vuruyor tepeden.
Fransız *Bouvet* batıyor üç dakikada,
altı yüz mürettebattan otuzu hayatta. Mayın tarayıcılar,
sürekli ateş altında sivillerle, geri çekiliyorlar.
Irresistible ve *Ocean* batar,
Inflexible ve iki Fransız gemisi hasar alır.

They count seven hundred dead against Turkish casualties
of one hundred and twenty-four. Shocked, Admiral de Roebeck
orders the ships to withdraw. It will be more than three years
before Allied ships finally sail up the Dardanelles.
For now, if Constantinople cannot be taken by ship,
the army can march. Churchill determines:
'The price to be paid in taking Gallipoli would no doubt
be heavy, but there would be no more war with Turkey'.
By the end of April, half a million boots will be landed.

III   The Eight Months War: Gallipoli/Gelibolu, April 25, 1915 – January 8, 1916

I never knew blood smelt so strong before.
    – Midshipman George Drewry, awarded the Victoria Cross for his
    courage at this landing, in a letter to his father.

They came with their own Trojan horse,
the refitted collier *River Clyde*,
mouths sliced out of her steel sides to disgorge the men.
Commander Unwin devised the change, loaded it with
Dublin and Munster battalions, the Royal Hampshires.
Two thousand of them slouched hidden in its belly.
Landing in broad daylight at 6.30 am,
lighters were to form gangway bridges
down which the men would run onto the sandy beach.
Others were to scramble into rowboats headed for shore.

Pilot Charles Rumney Samson watched the sea fill red with blood
to fifty yards out from shore. In fifteen minutes barges were
'piled high with mutilated bodies' so strewn, entangled,
a pier of them linked ship to sand,
'impossible to reach land without treading on the dead'.
Of those two thousand, two hundred reached shore
under round after round of rifle fire,
the rest ripped to pieces as they left the ship's hold,
or drowned by the weight of their own gear in the shallows –
84 pounds full pack; 250 rounds of ammunition; 3 days' rations.

Türklerin yüz yirmi dört kaybına karşı tam yedi yüz
kayıp verirler. Amiral de Roebeck şoktadır,
çekilmesini emreder gemilerinin. Müttefiklerin
Çanakkale'yi geçmesi, en az üç yıl alacaktır.
Şimdilik, gemilerle alınamazsa İstanbul eğer,
ordu karadan yürüyebilir. Şöyle konuşur Churchill:
'Gelibolu'yu almanın bedeli şüphesiz ağır olacak,
ama bir daha Türkiye'yle savaşmaya gerek kalmayacaktır'.
Nisan sonunda, yarım milyon asker daha karaya çıkacaktır.

III   Sekiz Aylık Savaş: Gallipoli/Gelibolu, 25 Nisan, 1915 – 8 Ocak, 1916

Hiç bilmezdim kanın bu kadar kötü koktuğunu.
   – Bu çıkarmadaki kahramanlığı için Victoria Cross nişanıyla
   ödüllendirilen Deniz Asteğmeni Midshipman George Drewry'nin
   babasına yazdığı bir mektuptan.

Kendi Truva atlarıyla geldiler,
tamir edilmiş kömür gemisi *River Clyde* ile,
çelik kapaklar açıldı yan yüzeylerinden dökülsün diye askerler.
Kumandan Unwin'in eseridir bu gemi, hınca hınç doldurmuştur
içini Kraliyet Alayları, Dublin'li ve Munster'lı müfrezeler.
Yorgunluktan iki büklüm saklandı iki bin asker karnında.
Karaya çıkarlar gün ışığında, sabahın altı buçuğunda,
arada mavnalar köprü olur
üstünden geçip askerler çıksın diye kumsala.
Geride kalanlar sandallarla varacaklardır kıyıya.

Pilot Charles Rumney Samson denizin kıpkırmızı kan dolduğunu izledi
elli metre açıkta kıyıdan. On beş dakika içinde mavnalar
'kolsuz bacaksız gövdelerle dolmuştu' birbirine dolanmış, paramparça,
gemiden kumsala gövdelerden bir rıhtım oluşmuştu adeta,
'bir ölüye basmadan imkânsızdı ulaşmak karaya.'
Yalnızca iki yüzü çıktı kıyıya o iki binden
ardı arkası kesilmeyen tüfek ateşi altında,
gerisi paramparça oldu ayrılır ayrılmaz gemiden,
ya da boğuldular sığ sularda üzerlerindeki ağırlıktan:
84 okka teçhizat; 250 şerit cephane; 3 günlük kumanya.

Major Mahmut Sabri Bey watched from thin lines of Turks
as 'the shore became full of enemy corpses, like a shoal of fish'.
For eight months they fought on with no real gain.
Landed time and again into a blaze of scarlet loss, a shredding wind
of bullets, the young of nations far away broke themselves open.
Living beyond endurance, a quarter-million from each side were dead,
hospitals and homes crowded with the damaged and those soldiers
who survived Gallipoli, sent to the Somme, the Western Front.
'As for Winston,' Captain Aubrey Herbert wrote to his wife, 'I would like
to see him die in some of the torments I have seen so many die in here.'

So much they didn't know. That Turkey was non-aligned
before the British confiscated two battleships in 1914
which the Turks had ordered and paid for by public subscription.
That when the brazier of anger fired red to white fury,
Germany reckoned a gift of two battleships might be a friendly act.
That the British needed a war to give access to their Russian allies,
fend off the Germans, carve up the Middle East.
That English democracy set up a secret propaganda machine,
Wellington House, from which writers spread their words
throughout the West, demonising Germans and Turks.

The Naval Museum is closing now, boys hunting for ice-cream.
They have heard the talk, the story of Turkish victory,
of the 'spirit of Canakkale'. With his comrades dead
at the Mecidiye Battery, ammunition-hoist blasted and useless,
Corporal Seyit Onbaşı carried a 276-kilogram shell on his back,
climbed to the gun position, loaded it by hand,
and fired, hitting and sinking the *Bouvet*.
You watch their strong little bodies running free in the green air
past its brass relief. You think of waste. And you know –
there never was a need for another Troy.

Binbaşı Mahmut Sabri Bey Türk hattından izledi olanları
'balık sürüsü gibi düşman cesedi doldurdukça kıyıları'.
Sekiz aydır savaşmışlardı hiçbir şey elde edemeden.
Defalarca düşüp içine kızıl alevlerin, rüzgâr gibi geçen mermilerin,
canlarını feda ettiler gençleri uzaklardan gelen bir milletin.
Dayanılmazdı yaşananlar, her iki taraf da çeyrek milyon şehit verdi,
hastaneler ve evler yaralılarla dolunca, hayatta kalan askerleri
Gelibolu'dan Batı Cephesindeki Somme'a gönderdiler çok geçmeden.
'Winston'a gelince,' diye yazdı eşine Captain Aubrey Herbert mektubunda,
        'İsterim ki
onun da öldüğünü göreyim bu cefa içinde buradaki pek çok asker gibi'.

Bilmiyorlardı pek çok şeyi. Tarafsızdı Türkiye
ta ki İngilizler el koyana kadar 1914'te
Türklerin yaptırıp parasını ödediği iki savaş gemisine.
Ki öfke kıvılcımı, ateşleyince al bayrağı beyaz bir hiddete,
dostluk kurulur dedi Almanya, iki savaş gemisi hediye edince.
Ve Rus müttefiklerine yol açmak için, savaşa gereksinmesi İngilizlerin,
Almanları uzaklaştırıp, Ortadoğu'yu parçaladı.
Ve İngiliz demokrasisi gizli bir propaganda makinesi kurdu,
Wellington House'ta, ve oradan yazarlar tüm batı dünyasına
Türkleri ve Almanları şeytan gibi gösterdiler yazdıklarıyla.

Deniz Müzesi kapanıyor, çocuklar dondurma peşinde.
Şimdi konuşmayı dinlediler, Türk zaferinin öyküsünü,
o 'Çanakkale Ruhunu' Seyit Onbaşı ve arkadaşlarının,
Mecidiye Bataryasında nasıl şehit düştüğünü,
cephane kaldıracı hasar görüp çalışmayınca 276 kiloluk mermiyi
nasıl da sırtlayıp tırmandığını mevziiye, sürüp eliyle topun ağzına
nasıl ateşleyip vurduğunu ve batırdığını *Bouvet*'yi.
Küçük, güçlü gövdelerin yeşillikte özgürce dolaşmasını izliyorsun,
koşarak önünden pirinç rölyeflerin. Heba edilmiş hayatları düşünüyorsun.
Ve bir başka Truva bir daha asla gerekmedi, biliyorsun.

Nightingale

Now more than ever seems it rich to die,
To cease upon the midnight with no pain,
While thou art pouring forth thy soul abroad
In such an ecstasy!
        – John Keats, *Ode to a Nightingale*

Sweet bird, rejoicing in clean salted air over Gelibolu,
silent ridges full of food, pine forests,
nests among filigreed branches under a
star-crushed heaven above a cobalt sea.
Here you do not need the rose, nor adoration,
where you are free and the joy of it rings.

Sweet bird with liquid-throated song a richer nectar
than thyme-honey that bees busy themselves with
in hives for the village below.
Night vibrates with trill, whistle, gurgle,
melody of the single male in hope;
'but how will she find you,' he thinks,
the boy sitting with his mother's letter open
April 17, before the sky was ash.
He thinks the song in this day's light a special gift
that opened the beauty of place to him, and her letter.

Sweet bird thrilling inside the ear, along the spine,
bringing all nature's loveliness to his soldier's eye,
the stream laughing, grasses waving,
his back against the tree's rough bark,
drinking goat's milk hot from the teat,
the last for years to come, if he lives.

Bülbül

Şimdi ölmek için hiç olmadığı kadar zengin,
Geceyarısı her şeyi acısız bitirmek için,
Sen ruhunu dökerken ortalığa gurbet ellerde
Kendinden geçerek böyle!
— John Keats, *Ode to a Nightingale*

Bir sevimli kuş uçuyor Gelibolu'nun tuz kokan semalarında,
sessiz ve kanlı sırtlarında, çam ormanlarında,
yuvasını kurmuş keyifle dalların örgüsünde
altında çini bir deniz, yıldız dolu bir gök üstünde.
Ne hayranlığa ihtiyaç var burada ne de bir güle,
özgürsün alabildiğine coşkulu ezgilerle.

Bir sevimli kuş şarkı söylüyor meyve özüyle ıslanmış boğazı
yarışamaz yediği meyvelerin tadıyla aşağı köyün
kovanlarında kekik balı yapan arıları.
Şakımalar, ıslıklar, şırıltılarla titriyor gece,
bir de umut dolu bir erkeğin ezgisiyle;
'bir daha beni nasıl görecek' diyor genç adam,
oturmuş annesinin mektubu elinde,
Nisanın on yedisi, gökyüzü dönmeden önce küle.
Biliyor ki gün ışığında söylediği şarkı bir armağandır ona
annesinin mektubu açmıştır gözünü etrafındaki güzelliklere.

Bir sevimli kuşun sesi çınlıyor kulaklarında, sırtında bir ürperti,
asker gözlerine doluyor doğanın bütün güzelliği,
dereler gülüyor, otlar el sallıyor,
sırtını dayayıp ağacın sert kabuğuna,
sıcak süt içiyor meme uçlarından bir keçinin,
son kez önündeki uzun yıllar için, yaşarsa o da.

Sweet boy, Hasan Ethem, writes to his mother –
'beauty here speaks to me of God
and the love in your letter is a blessing.
Amazing, mother, that a nightingale sits on a pine branch
singing, everywhere green nature thrives
and I must fight for my country, repel invaders,
take this song into my ears, trying to
drown the fear of what I will hear in combat –
a clamour of dying, a crying out; to block the torture of
what I must do – to kill, anything, anyone, so foreign to me.'

Sweet bird – Hasan listened and sat,
watched your feathered throat rise and fall with lyric
as it muscled its way to the sky. He knelt and prayed,
'God, you gave this treasury to the Turkish Nation.
Grant it to the Turkish Nation still',
picked up his gun,
led his men out to meet wasteful death.

Hasan Ethem, aged in his early twenties, teacher, died of wounds April, 1915.

Bir sevimli genç adam – Hasan Ethem, mektup yazıyor annesine –
'bana Tanrıyı anlatıyor tüm güzellikler burada
ve mektubunda verdiğin sevgi duadır bana.
İnanmazsın, ana, bir bülbül kondu çam dalına
şakıyor, her yerde yeşeriyor tabiat coşkuyla
vatan için savaşmalıyım, bitsin bu istila,
al bu şarkıyı doldur kulaklarıma, çabala
boğulsun korkularım, duyduklarım canımı yakmasın savaşta –
feryatlar sussun, sussun ölüm çığlıkları; mecbur da olsam
bitsin işkencesi – öldürmenin herşeyi, herkesi, bana yabancı ne varsa.'

Bir tatlı kuş – Hasan oturdu ve dinledi,
o tüylü boynun şiir gibi inip kalkışını izledi
sonra o boyun göğe yükseltti başını. Diz çöküp dua etti,
'Tanrım, Türk Milletine verdin bu serveti.
Yine Türk Milletine bahşet hepsini',
silahını aldı eline,
çıkarıp gönderdi askerlerini savurgan bir ölüme.

Hasan Ethem, yirmili yaşların başında bir öğretmen, Nisan 1915'te yaralanarak öldü.

Night ravings

They dreamed the dreams of dirt,
flailing, being buried alive in
trenches bombed to splinters
that shredded eye and bone.
Silence made them edgy.
Bombardment, thunderous and rattling,
was the song by day and by night.
Torrents of metal shards
were new birds in their skies.

They knew sea-blue was a colour of the past –
now red everywhere, tawny rock, white snow.
Rats ate their hair while they slept.
They wrapped their faces against
pincers of enemy and nature.
Lousy, their skin removed itself constantly,
was a peeling unveiling thing of its own nature,
creeping backward for the memories
of smooth bronze summers
on Kızıl Adalar or Bawley Point.

The brain kept telling them
'listen to the boss, the captain, the commander',
while their legs yearned to run anywhere, backwards.
They knew that in the bowl of their brain
their friends remained whole, young, happy.
But their bloodied hands collecting fleshy jigsaw-pieces
learned the lie as open graves filled up,
and no way of knowing who was in there.

Gece Karabasanı

Kirli düşler gördüler,
bombaların altında tarumar bedenleri
paramparça gözleri ve kemikleri
siperlerinde canlı canlı gömülüydüler.
Huzursuzdu sessizlik.
Günden geceye söylenen şarkılardı
bombaların kulakları sağır eden sesleri.
Gökyüzünün yepyeni kuşlarıydı
şarapnel sağanakları.

Biliyordular denizin mavisi geçmişte kalmış bir renkti –
her yer kırmızı, sapsarı kaya ve bembeyaz kar şimdi.
Uyurlarken saçları yem oldu sıçanlara.
Sarıp sarmaladılar yüzlerini
ne düşman parçalasın ne de doğa
Kabarıp pul pul döküldü derileri,
çıkarır gibi ortaya ardındaki gerçekleri
usulca yol aldı eski anılara
Kızıl Adalar ya da Avustralya'da Bawley Burnu'nda
derilerinin soyulması gibi
o bronz sıcağı yazlarda.

Emirler yağdırıyordu beyinleri
'kulak verin patrona, kaptana, kumandana',
dinler mi bacaklar, koşası vardı geriye, neresi olursa.
Kafalarında arkadaşları vardı
parçalanmamış bedenleri, hepsi genç, hepsi mutlu.
Fakat kana bulanmış elleriyle toplar gibi bir yapbozun parçalarını
öğrendiler söylenen tüm yalanları,
doldurdukça orada ne yaptığını bilmeyen bedenler üstü açık mezarları.

Close

Who can dig a sepulchre great enough for you?
History itself, say I, cannot contain you.
  – Mehmet Âkif Ersoy (1873–1936), *To the Martyrs of Çanakkale.*
  Translated by S. Tanvir Wasti

close in every sense, air humid and heavy in
march, freezing and snow-bound in november,
trenches stained red, oozing water then
flooding with bodies washed to the sea,
but nothing to drink. i'm so dry.

a sea once vivid blue, now claret mud,
its crust of white in the wind scarlet.
no use when my body, lice-ridden,
can barely crawl for hunger, not swim.
and the thirst. we can't drink it.

close, the enemy trenches, feet away
rattling bullets or worse the steel,
upward lunge of a bayonet driven home,
jugular spurt, no need for medics,
if they could be found.

we throw notes over a sandbag that separates our ditches.
one said: 'you are too weak to advance, too strong
to retire, and we are the same, so what shall we do about it?'
i can smell his cigarette in the break
as if we have rest periods to breathe.

i can smell the squelchy corpses. our shared dead.
briefly a white singlet on bayonet-tip rises.
stepping out to look into our eyes
that's when we know them, suddenly, smooth hands,
voices, smiles, they are boys like us, young.

Yakın

Sana dar gelmeyecek makberi kimler kazsın?
'Gömelim gel seni târîhe' desem, sığmazsın.
– Mehmet Âkif Ersoy (1873–1936), *Çanakkale Şehitlerine*

her bakımdan yakın, hava nemli mart ortasında
ve ağır, dondurucu soğuk ve kar havası kasım,
siperler boyanıyor kızıla, sular sızıyor ardından
sel olup bedenleri taşıyor denize,
içecek bir damla yok oysa. kurudum susuzluktan.

bir zamanlar masmaviydi deniz, şimdi çamur kırmızısı,
dalgaların beyaz köpüğü kızıla boyandı rüzgarda.
neye yarar bedenim, bitler içinde kaldıkça,
ne sürünecek gücüm var açlıktan, ne de yüzecek.
bir de susuzluktan. içecek yok bir damla.

yakın, düşman siperleri, birkaç adım ötede
kurşunların çatırtısı ya da çeliktir daha kötüsü,
bir süngü hamlesi ile her şey apaçık ortada,
şahdamarı yırtılır, gerek yok sıhhiyeye,
eğer bulunabilirse onlar da.

hendeklerimizi ayıran kum çuvalının üstünden notlar atıyoruz birbirimize.
biri diyor ki: 'ilerleyemeyecek kadar zayıf, geri çekilmeyecek kadar
güçlüsünüz, biz de öyle, o zaman ne olacak bu mesele?'
sigarasının kokusu geliyor burnuma ara verince
sanki tekrar soluk almak için ara veriyoruz cephede.

çiğnenmiş cesetlerin kokusunu alıyorum. ortak şehitlerimizin.
bir ara beyaz bir atlet dalgalanıyor bir süngünün ucunda.
bir adım atıyor dışarıya biri bakmak için gözlerimize
o zaman tanıyoruz onları, aniden, yumuşacık ellerle,
sesleri, gülüşleri, bizim gibi genç birer çocuk onlar da.

after, we go back into our holes. it's harder now,
close up, I see him carrying his wounded
enemy, lifting him gently, laying him down
carefully for us to collect and he will probably
be shot returning and our soldier die anyway

and still he does it because
bravery isn't to do with this but with finding
himself again in some small act, some care.
another note lands: 'if you don't surrender
in 24 hours, we will!' we have humour at least.

we can hear them laugh sometimes, weep others,
call to us at night. we don't know the language but
we know song when we hear it, the sound of a joke.
their songs break your heart open, you can hear home in them.
one of us far away from home, the other not close enough.

close is what i remember of my son, five, his smell,
my wife leaning from bed for her slippers, her dark hair
a lost photo. now i know him in the trenches best,
his ribs thin like mine, his bandaged foot,
that cough at night, the black sleepless shape of his death.

we all know each other both sides.
we know our towns, our cities, our families.
we share our breath here, sometimes our sad food,
inedible bully-beef, grapes, tomatoes, hard biscuits, fresh bread.
they killed my friend relieving himself at dawn,

blew him to pieces and he fell on us all like rain.
close, i love him now, my enemy. i know him. like me
he can't understand the way of it, the charging out,
the sure death, the way they tell us and we do it.
i feel his tremble at the boom of cannon, the snipers' zip.

sonra, dönüyoruz deliklerimize. daha zor her şey şimdi,
yaklaşıyorum, taşıdığını görüyorum düşmanının yaralı bir
askerini, onu usulca kaldırıp, yere yatırışını dikkatlice
gidip alalım diye şehidimizi o gidince
askerimiz çoktan öldü ve o da vurulacak dönüşte

yine de yapıyor bunu
yiğitlik savaşmak değil kendini bulmaktır çünkü
küçük bir eylemde, bir iyilikte.
bir başka not der ki: 'teslim olmazsanız eğer
24 saat içinde, biz oluruz!' en azından gülüyoruz birlikte.

bazen güldüklerini duyarız, ağladıklarını,
bize seslendiklerini geceleri. dillerini anlamasak da
şakalaşmaları ve şarkıları tanırız duyunca.
şarkıları yüreğini burkar derinden, memleketi duyarsın dinledikçe.
birimiz uzaklardadır evinden, diğerimiz değildir yeterince yakınında.

ne kadar da yakın oğlumun hatırası, beş yaşında, kokusu,
karımın yataktan terliklerine uzanışı, siyah saçları
kayıp bir fotoğrafta. en iyi siperlerde tanıyorum onu şimdi,
benim gibi zayıf kaburgaları, sargılı ayağı,
geceki o öksürüğü, ölümün kara uykusuz şekli.

her iki tarafta da iyi tanıyoruz birbirimizi.
biliyoruz kasabalarımızı, şehirlerimizi, ailelerimizi.
nefeslerimizi paylaşıyoruz burada, bazen kederli yemeklerimizi,
yenileyemeyecek etler, üzüm, domates, sert bisküvi, taze ekmek.
arkadaşımı öldürdüler benim idrarımı yaparken şafakta,

paramparça olup bedeni yağmur gibi yağdı üstümüze.
yakınımda, seviyorum şimdi onu, düşmanımı. biliyorum onu. benim gibi
anlayamıyor bu işleri, ne işe yaradığını,
kesin ölümü, bize nasıl anlatıldığını ve nasıl yaptığımızı.
hissediyorum titreyişini mermiler vızıldayıp, toplar patladıkça.

he knows death is here for us, no other way.
line after line of us both sides, one defending the place
he loves, the other knowing it. they don't want us killed.
we'd all be lonely here. we have no boundaries anymore.
we are killing ourselves in this intimate war.

biliyor, ölüm burada bekliyor bizi, başka yer yok.
sıra sıra bekliyoruz her iki tarafta, biri savunuyor
çok sevdiği ülkesini, öteki de biliyor bunu. istemiyorlar ölmemizi.
yapayalnız kalırız diye burada. hiçbir hudut tanımıyoruz artık.
bu yakın savaşta öldürüyoruz kendi kendimizi.

Children of Gallipoli

for all the 'boys', çocuk askerler (child soldiers)

Bare of beard or stubble, glum young faces,
unsmiling photos of boys in trenches or standing
holding the cannon too tight, or gun slightly wonky
in their powder-soft hands. Chin out. Eyes sunken.
Posters told the colonies it was to stop the Germans.
'Free trip to Europe,' they blared, 'full of adventure and interest' –
and landed them in Egypt. Then, a small beach under a big cliff,
sphinx looming that seemed to have travelled with them like an albatross.
Dig. Dig. Dig! – Fix bayonet – Make a man of yourself.
Their reward for survival, the killing fields of France.

First they were the fittest, the strongest, between 19 and 38 years,
but with the Western Front, numbers were shrinking.
'Bring honour to King and country' – 'they're holding on at Ypres
till you come' – 'are you going brother?'
But there are limits to the generations of men.
So the young ones came, lied about their age.
Recruiters knew, slid their eyes away.
Boys who changed their names were hidden in their lists
while mothers searched for them to drag them home. Futile.
The great mincing machine moved on with them bold-eyed.

Eighteen thousand English boys under 19 were killed at the Somme.
In tales of Lancelot and daring feats,
the hero always returns,
but not limbless to an English hospital at 17,
his dead-eyed future awry,
screaming in anticipation of pain
as the 'dresser' approaches to open his wounds to the air.
At Gallipoli 'colonial lad' Jim Martin was dead at 14
from typhoid and heart failure. Newsreels show
every one of them thought they were coming back.

Gelibolu Çocukları

tüm çocuk askerler için

Sakalsız ve kılsız, kasvetli genç yüzler,
siperlerdeki çocukların somurtkan resimleri,
pek sıkı tutuyor topu, ya da silahı hafiften eğreti
pudra yumuşaklığındaki elleri. Çene ilerde. Çökmüş gözler.
Almanları durdurmaya gidiyoruz diyordu kolonilerde afişler.
'Avrupa'ya ücretsiz seyahat,' diye haykırıyordu, 've ilgi çekici serüvenler' –
ve Mısır'a götürdüler. Ardından, büyük bir kayalığın önündeki küçük kumsalda,
onlarla birlikte seyahat etmiş gibi arkalarında yükselen bir sfenksin altında.
Kaz. Kaz. Kaz! – Süngüler hazır – Adam et kendini.
Hayatta kalmanın ödülü, Fransa'nın ölüm tarlaları.

En güçlü onlardı önceleri, en zinde, 19 ve 38 arasında yaşları,
ama batı cephesinde, düşmekteydi sayıları.
'Onurlandır ülkeni ve kralı' – 'Ypres'te bekliyorlar
sen gelene kadar' – 'gidiyor musun kardeşim?'
Fakat savaşa alınacak kuşakların bir sınırı vardı.
Bu yüzden gençler gelip, büyük söylediler yaşlarını.
Biliyordu askere alanlar, görmezden geldiler.
Adlarını değiştiren çocuklar listelerinde gizliydi
anaları eve tutup eve getirmek için ararken onları. Nafile.
Ve kıyma makinesi onlarla çalışıyordu cüretkâr.

On sekiz bin İngiliz çocuk öldü, 19'undan küçük, Somme'da.
Şövalye ve kahramanlık masallarında,
kahraman hep geri döner,
fakat 17'sinde, kolsuz bacaksız değildir bir İngiliz hastanesinde,
acı çekeceğini bilerek çığlıklar atar
'pansumancı' yaklaştıkça havalandırmak için yaralarını.
Gelibolu'da 'kolonili delikanlı' Jim Martin şehit düşer 14'ünde
kalp yetmezliği ve tifodan. Oysa haber filmlerine göre
herkes gidenlerin hepsinin döneceğini sanır eve.

Except the Turks. Their mothers knew. And their sons.
Ismail Hassan's mother Hatice hennaed his hair like a goat
about to be sacrificed, knowing her loss to the war before he did.
One photo shows a battalion of young boys aged about 13
well-clad in their uniforms, still chubby of cheek,
guns shouldered and marching straight towards the lens.
Two look directly at the camera, mouths set, determined.
'Is it them,' you wonder, 'the class from Mektebi Sultani?'
Azman, the sergeant, was saddened when they said,
'We came to die for our country.'

They did not know how to fix a bayonet.
His job was to drill them, teach them how to hold the rifle,
how to load its knife edge, drilling with those short swords
all night in the moonlight. Just one night for training.
At dawn, cannon from British ships started punching into trenches
and the boys were afraid. Their captain feared it might spread,
then suddenly one boy started singing loudly about his country
and they all sang it over and over until *Attack!* and
the children rushed over the trenches into machine-gun fire,
falling back into the lap of Azman behind:

'I couldn't forget the images of their rosy faces …
Everyone was crying.'

Every country had them. They left no wills,
no children to grandchildren, no mark on the earth
but some fading photo. If there is no stone for them
their brief breath vanishes into the vapour of history
unremembered. Just the image of a boy
dead in the trenches. Not humped like an older man.
The boy still flings himself down as if to sleep on his back,
hands thrown back like a baby, head lolling a little
tucked into the trench. In his hand where a rattle might be,
a grenade.

Türkler hariç. Biliyordu onların anneleri. Ve onların oğulları.
İsmail Hasan'ın annesi Hatice oğlunun saçına kına yaktı
kurbanlık bir kuzu gibi, biliyordu daha gitmeden kaybedeceğini onu.
Fotoğraflardan birinde 13 yaşındaki çocuklardan bir tabur asker var
çakı gibi üniformalı, hâlâ tombul yanaklı,
omuzlarında silahlarla objektife doğru yürüyorlar.
İkisi doğrudan objektife bakıyor, ağızlar gergin, kararlı.
'Bunlar mı,' acaba dersin, 'Mekteb-i Sultani'den gelen sınıf?'
Azman, çavuş, kederlendi o çocuklar cevap verince,
'Vatanımız için geldik bir bir ölmeye.'

Süngü nasıl ayarlanır bilmiyorlardı.
Talim yaptırmaktı onun işi bu çocuklara, tüfek nasıl tutulur,
süngülük nasıl takılır, talim yaptırırdı o kısa kılıçlarla
bütün gece ay ışığında. Talim için sadece bir gece.
Şafakta, İngiliz gemilerinden toplar dövmeye başladı siperleri
ve korkuyordu çocuklar. Komutan korku yayılır diye endişelendi
hele aniden söylemeye başlayınca bir memleket türküsü içlerinden biri
hepsi de tekrar tekrar söyledi türküyü gelinceye kadar *Taarruz!* emri
ve çocuklar siperlerin üstünden koştular makineli tüfek ateşine,
düşerek arkalarında bekleyen Azman'ın dizlerine:

'Gül rengi yüzlerindeki ifadeyi unutamam ...
Herkes ağlıyordu.'

Her ülkede vardır onlardan. Ne vasiyet bıraktılar,
ne çocuk, ne torun, ne de bir iz dünyada
geriye kalan solgun fotoğraflar. Yoksa onlardan bir mezar taşı
nefesleri yokolup karışacak tarihin buharına
hatırlanmadan. Sadece bir çocuğun resmi kalır
ölüp kalmış siperlerde. Kamburu yok yaşlı bir adam gibi.
Sırtüstü atmış kendini yere uyumak için sanki,
bir bebek gibi ellerini geriye uzatmış, biraz sarkmış kafası
tıkılmış siperin içine. Çıngırak yerine ellerinde,
bir el bombası.

Mopping up

Thus the science of healing stood baffled before the science of destroying.
   – Ellen Newbold La Motte (1873–1961), nurse

There were to be few wounded.
Shipped up the Dardanelles to Constantinople after victory –
which would be soon. From the hospital ship *Gascon*,
excited in the early dark at 3 am, Australian nurses
watched the narrow beach of Gaba Tepe.

In pitch-black silence – even the anchor had not been dropped –
the hospital ship waited as barges headed for the narrow beach.
Holding field-glasses, seven women watched young men tense,
crouch, ready for action. Then as light opened, they saw
towering cliffs above for the first time.

Air exploded into a roar that seemed to come
from above in a long scream of anger.
Sun rose orange behind blue skies deadening with haze.
Shouting was lost in chaos. 'Soldiers, stores, mules and
wounded men on stretchers struggled to find vacant space.'

Muriel Wakeford was stunned to see the ocean suddenly scarlet,
a shoal of corpses that lay face-down in the sea. She saw
what few steps most men managed before a grey hail began
dropping them like insects sprayed, but this was
metal that raked the sea, violently rocking the ship.

After the first repulse, barges floated the casualties alongside,
fallen uniforms packed tight as tinned fish, those standing
a melted body of khaki and blood. In ravines and
down the spurs, a terrible lonely moaning, cries for help
from those shattered human remnants stretchers could not reach.

Temizlik

Böylece tedavi bilimi şaşakalır tahribat ilminin önünde.
– Ellen Newbold La Motte (1873–1961), hemşire

Birkaç yaralı olacaktı yalnızca.
Gemilerle sevk edilecekti Çanakkale Boğazından İstanbul'a –
hemen gelecek zaferden sonra. Hastane gemisi Gascon'dan,
Avustralyalı hemşireler sabahın üçünde, alacakaranlıkta,
dar kumsalını izliyorlardı Kabatepe'nin heyecanla.

Koyu-kara bir sessizlik içinde – hem de demirlemeden –
bekliyordu hastane gemisi kumsala doğru uzandıkça mavnalar.
Ellerinde dürbünlerle, yedi kadın vardı genç adamları izleyen,
yerlerine çömelmiş, harekete hazır. Hava ağardıkça, gördüler
kule gibi yükseliyordu karşıda kayalar.

Bir ses gibi patladı hava, gökten gelen bir kükreme
uzayıp giden bir çığlık gibiydi öfke.
Portakal gibi bir güneş sislere karıştı mavi göklerde.
Çığlıklar yitip gitti kargaşada. 'Askerler, erzaklar, katırlar
ve sedyelerdeki yaralılar boş bir yer bulmak için çabaladılar.'

Muriel Wakeford sersemledi görünce denizin birden kızıla çaldığını,
görünce balık sürüsü gibi kıyıya vuran cesetleri. Gördü sonra
pek çoğunun ancak bir kaç adım attığını yağmadan gri renkli bir dolu
nasıl yerlere düşürdüğünü zehir sıkılmış böcekler gibi, her biri ama
denizi tarayan metal mermilerdi bu dolu parçalarının, gemiyi şiddetle sallıyordu.

İlk bozgundan sonra, kayıplar vurdu suyun yüzüne mavnalar boyunca,
düşmüş üniformalar konserve balıklar gibi paketlenmiş sıkıca, ayakta kalanlarsa
haki ve kanla erimiş birer gövde. Hendeklerden
ve kayalıkların altından, yürek parçalayan inlemeler, yardım çığlıkları
sedyelerin yetişemediği gövdelerden, geriye ne kaldıysa.

But there were to be few wounded! Taken to Constantinople!
So only one hospital ship to treat four hundred sat ready.
Now the ship's doctor set about amputations, extracting eyes
shrapnel had make useless under a sky darkening with green smoke.
With five hundred and sixty aboard he insisted they sail for Egypt.

Month on month, ships ferried their cargo of the mutilated.
Some went to Imbros, Malta, England.
In Cairo, so many arrived, the amusement-park ticket-office
transformed to an operating theatre, its skating rink,
scenic railway space – its 'skeleton house' – became wards.

Odd that the women were led onto drought-dusted Lemnos by a piper.
Matron Grace Wilson and ninety-six nurses in long serge dresses,
with starched white cuffs, disembarked to nothing. No housing,
no hospital. Equipment had failed to arrive.
There was no stored water on an island known to be dry.

Wounded lay in the dirt bleeding 'amid stones and thistles'.
Her nurses tore their clothes to bits for bandages,
but these barely touched wounds so massive
all training seemed petty, too nice for this reality,
a new mechanics of war where shrapnel sliced flesh into strips.

The women gave up their soap, cut their hair short
hacking out burrs, wrapped themselves tight at night
against hordes of centipedes. They erected tents over shattered bodies,
watched death seep in through infected bandages, gangrene feet.
Grace 'could only wish all I knew were killed outright'.

They never stopped working. They rarely slept.
Water stayed scarce. In summer they bathed in full-length
swimsuits in the sea. Salt-skin browned like dried fish.
Later, winter winds blew their canvas huts away nightly.
Feet frosted, cold took root in their bones.

Ama birkaç yaralı olacaktı sadece! Götürülecekti Constantinople'a!
Bu yüzden hazır edildi dört yüz askere bir hastane gemisi yalnızca.
Şimdi gemi doktoru kol ve bacak kesmeye girişmiştir, bir de çıkarmaya
şarapnellerle kullanılmaz hale gelen gözleri, yeşil dumanla kararmış göğün altında.
Gemide beş yüz altmış kişiyle Mısır'a gidilmesini istiyor ısrarla.

Aylar geçtikçe, yaralıları taşıdı gemiler yük yerine.
Kimi İmroz'a gitti, kimi Malta'ya, İngiltere'ye.
Kahire'ye ulaştı pek çoğu, lunaparkın bilet gişesi
bir ameliyathaneye dönüşüverdi, buz pisti,
manzara gezisi treni – 'iskelet evi' – hastane koğuşlarına dönüşüverdi.

Ne tuhaftır ki, kadınlar kurak ve tozlu Limni'ye götürüldüler.
Matron Grace Wilson ve uzun yün elbiseli doksan altı hemşiresi,
bir hiçliğin içine düştüler beyaz kolalı kepleriyle. Ne barınak vardı,
ne de hastane. Araç gereç ulaştırılamadı.
Depolanmış su yoktu hiç, ada zaten kuraktı.

Yaralılar kanlar içinde yatıyordu 'taşlar ve dikenler arasında'.
Hemşireler giysilerini yırtıyorlardı sargı bezi olsun diye yaralara
ama yetmiyordu kumaş parçaları o koca yaraları sarmaya
aldıkları eğitim yetersizdi, fazla nazik geliyordu bu hakikate,
yeni bir savaş tekniği vardı şarapnelin eti lime lime ettiği bu gerçeklikte.

Vazgeçtiler sabundan kadınlar, kısa kestiler saçlarını
temizleyip çapaklarını, sıkıca sarınıp yattılar geceleri
gelmesin diye çıyan sürüleri. Çadırlar kurdular paramparça bedenlerin üstüne
çaresiz izlediler ölümün nasıl sızdığını kangren bacaklara, geçip sargıları
Grace ise diyordu ki 'burada tanıdığım herkes anında ölse keşke'.

Hiç bırakmadılar çalışmayı. Çok az uyudular.
Su kıttı hep. Yazın boydan boya mayolarla
denizde yıkandılar. Tuzlu ciltleri karardı, sanki kuru balıktılar.
Sonraları, kış rüzgârları uçurdu her gece branda çadırlarını.
Kemiklerine işledi soğuk, buz tuttu ayaklar.

Water always absent, thirst was never quenched.
And their hunger for strong young men, backs erect, limbs
swinging with clumped muscle, instead of amputees sacrificed for
some promised glory, ate into memory. 'They were called the "die-hard
Australians", and I tell you, they do die hard, too,' wrote Muriel.

To Turkey their future had been clear, not in any doubt.
Their defeat of the greatest navy in the world on March 18
would return an enemy in rage from pride alone.
Çanakkale hospital, local infirmaries, were frantically
converted to twenty-five hospitals carrying eleven thousand beds.

From Gelibolu, *Gülnihal*, a passenger ship British-built in friendlier days,
carried wounded Turks across the strait, two to three thousand a day,
and when hospitals were swollen, inland to Anatolia.
Red Crescent had three passenger liners converted to hospital ships,
mirror image of the steaming coffin-ships of their enemy.

Balkan War I had depleted their armies of men and munitions
but it created an opening for women, nobility stepping out first.
When Dr Besim Ömer Akalın visited New York in 1912
he saw how nursing flowered, imagined green shoots, and returning,
insisted Red Crescent start training volunteer women.

Force-fed courage by sacrifice of brothers, husbands, fathers, sons,
they pushed themselves out beyond the Great Sewing Campaign
that clothed their men in rough uniform before they marched.
It was time for the unveiling of women, for belief in their own strength,
a fierce compassion that comes out of being sucked into the mire of loss.

Photos show them dressed in white, long headscarves to long skirts,
names unrecorded. Inspired by Florence Nightingale's work in Istanbul
when Britain was Turkey's ally in the Crimean war, they assumed her ideas on
hygiene, carried a Turkish lamp through wards treating men,
much as the Lady herself had done. Hospital death-rates were low.

Su yoktu hiç, asla dinmedi susuzlukları.
Ve sırtları dik, kol ve bacakları güçlü genç erkeklere hasretleri,
büklüm büklüm kaslı, kol ve bacakları kesik, vaat edilmiş zafere
kurban edilmişlerin yanında, anılarda kaldı. Muriel 'Onların adı "kolay kolay
     ölmeyen
Avustralyalılardı", ve laf aramızda, kolay vermediler canları,' diye yazdı.

Türkiye'ye göre belliydi akıbetleri, hiç kuşku yoktu.
Yenince 18 Mart'ta, dünyanın en büyük donanmasını
döndürecekti gururundan başka şeyi olmayan düşmanı öfkeyle.
Çanakkale hastanesi, yerel revirler, telaş içinde
dönüşüvermişti on bir bin yataklı yirmi beş hastaneye.

Gülnihal, dostluk günlerinden kalma İngiliz yapımı yolcu gemisi,
Gelibolu'dan karşı yakaya taşıyordu, günde iki ilâ üç bin yaralı Türkü,
ve dolduğunda hastaneler, oradan Anadolu'nun içlerine.
Kızılay hastaneye dönüştürmüştü üç yolcu gemisini,
tıpkı düşmanlarının buharlı tabut gemileri gibi.

Birinci Balkan Savaşında tükenmişti orduları ve cephaneleri
fakat kadınlar için bu bir başlangıçtı, ilk adım asillerden geldi.
Dr. Besim Ömer Akalın 1912'de New York'ta gördü ki
çiçek gibi açmaktaydı hemşirelik, yemyeşil filizlendiğini gördü,
dönünce, Kızılay gönüllü kadınları eğitsin istedi.

Kardeşleri, kocaları, babaları, oğulları feda etmenin cesareti vardı,
Büyük Dikiş Seferberliğinin gölgesinde kalmışlardı
cepheye ilerlemeden giydirmek için erkeklerini kaba üniformalarla.
Vakti gelmişti kadınların peçesini açmanın, kendi güçlerine inandırmanın,
kaybetmenin batağında olmaktan gelen ateşli bir şefkatle.

Fotoğraflarda beyazlar içindeydiler, uzun başörtülerinden eteklerine kadar,
kaydedilmemişti adları. Kırım savaşlarında müttefik iken İngiltere ve Türkiye,
esin verdi onlara Florence Nightingale'in İstanbul'daki çalışmaları,
görev bilip onun temizlik anlayışını, Türk fenerleriyle dolaşıp tedavi ettiler
     yaralıları
Hanımefendi'nin yaptığı gibi tıpkı. Hastanelerde düşüktü ölüm oranı.

Muslim and non-Muslim doctors worked with nurse volunteers.
Public buildings, Gülhane and Istanbul medical schools, became wards.
A great vacancy had inhabited them, their students sent to the front and
level by level mowed down. Classrooms refilled quickly with
boys who had trudged away, now torn, shattered, limbless.

Militaries call it 'mopping up' – killing the last vestiges of an army.
Women mean cleaning up, repairing, making spotless.
Florence taught what they all learned, west and east –
compassion is the salve beneath the gauze that heals.
Yet for some pain, 'morphia, good as it is, is not as good as death.'

They mopped, stitched, cleaned gastric away, gagged on gangrene stench,
soiled their own skin with blood and spit, shit and foul language.
They held eyes that dangled, shot out; pressed their elbows into holes in backs
blown away by mortars; stuffed their fists into spurting arteries.
They saw through to the bone in every way.

They learned a deeper pain in nursing – not for health,
but to refit an armed force with patched-up husbands and sons,
knowing that though ripped apart in body and mind, as soon as flesh was
repaired they'd shrug up their rifles and packs, strap their faces
into the resignation of obedience, and go back to be shattered again.

Müslüman ve Gayrimüslim doktorlar gönüllü hemşirelerle çalıştılar.
Kamu binaları, Gülhane ve İstanbul tıp okulları, artık birer koğuştular.
Kadrolarında büyük boşluklar vardı, cepheye gönderilmişti öğrencileri
ve giderek azalıyorlardı. Sınıflar yeniden dolmaktaydı hızla
perişan, yorgun, güçlükle yürüyen, kolsuz ve bacaksız çocuklarla.

Askerler 'temizlik' diye adlandırır bunu – bir ordunun tüm kalanlarını
    öldürmeyi.
Kadınlar temizlik yapmak, onarmak, pırıl pırıl yapmak demektir.
Florence aklından geçirdi, doğuda ve batıda tüm öğrendiklerini –
şefkat yaraları geçiren sargıların altındaki tek teselliydi.
Yine de bazı acılara, 'morfin iyi gelse de, ölüm kadar iyi değildi.'

Silip süpürdüler, kangren yaralarının üstünden kusmukları sildiler, dikiş attılar,
kendi ciltlerini sıvadılar kan ve tükürükle, dışkı ve küfürlerle.
Sarkmış, dışarı fırlamış gözleri elleriyle tuttular; havan topuyla açılmış sırtlardaki
    delikleri
dirsekleriyle kapattılar; kan fışkıran damarlara yumruklarını bastılar.
Her yönüyle kemiğine kadar, tanıktılar.

Daha büyük acılar öğretti onlara hemşirelik – sadece sağlığı değil,
bir ordu yaratmayı yamalı giysiler içindeki kocalar ve oğullardan,
biliyorlardı ki, akıl ve gövde tarumar olduğunda, tamir olur olmaz gövdeleri
takıp omuzlarına çanta ve tüfekleri, hazır edip yüzlerini
teslimiyet ve itaate, paramparça olmaya gidecekler geri.

Production lines

*... the fact that I am using my life's energy to destroy human souls gets on my nerves
... once the war is over, never in creation will I do the same thing again.*
— Woman in projectile-factory magazine

They watched spring break open
pushing its golden tulips into mosque gardens,
daffodils into church parks beside the ponds.
The melting sun drew buds into flowers,
while on Gallipoli, shells they had rammed with explosives
burst open their flowering death, shot into men
who once might have carried their children
high on their shoulders to markets,
or to watch sailboats on the river,
or kites twisting their tails over the green coast.

Mothers, sisters, lovers and wives —
all the shapes of women — wrapped in overalls in England
or hijabs in the Ottomans, stuffing shells and bullets
with powders, with fuses, with poison.
They swallowed their guilty sense of freedom
shadowed by heavy clouds of dark mutilating death,
as hospitals, factories, offices, farms, opened to them
swelling with patriotic pride, or forced by necessity,
by desire to do something, anything,
in the second-line trenches of home.

Turkish women carried arms along Gelibolu to an army
so short on weaponry they used their own bodies instead,
waiting on German factories to deliver. Bullets, women could make.
By Imperial Decree, they had permission to unveil at work.
A group of seven in the rare photo, bare-faced, headscarves draped
down long skirts, around a rough table in a shed, tins open,
pour explosives into shells with the attention of an embroidery circle.
No *türk kahvesi* is steaming. The chattering companionship of women
is lost in a new silence, each intent on their task,
delicate hands fretting at bullet casings finger-length. No-one is smiling.

Üretim Hattı

... hayatımın enerjisini insanları tahrip etmek için kullanıyor oluşum sinirime
dokunuyor ... savaş bittiğinde, aynı şeyi asla bir daha yapmayacağım.
– mermi fabrikası dergisindeki kadın

Baharın açılışını izlediler
cami bahçelerinde altın sarısı lalelerin,
kilise parklarında havuzların yanından fışkırmasını nergislerin.
Altın gibi güneş tomurcuklar serpti çiçeklerin içine,
o sırada Gelibolu'da, patlayıcı doldurdukları kovanlar
ölüm çiçeklerini açıyordu insanların üstüne
bir zamanlar çocuklarını taşıdıkları omuzlarına
hani pazara giderken
ya da nehirlerde tekneleri,
ya da kıyılarda kuyrukları kıvrım kıvrım uçurtmaları izlerken.

Anneler, kız kardeşler, sevgililer ve eşler –
kadınlığın tüm halleri – İngiltere'de tulumlar
Osmanlı'da çarşaflar içinde, kovan ve mermi dolduruyorlar,
barut, zehir ve fitiller.
Özgürlük duygularını suçluluk duygusuyla içlerine attılar
Karanlık, tahripkâr ölümün kara bulutlarıyla gölgelenmişiler,
onlara açılmıştı tarlalar, ofisler, fabrikalar, hastaneler
doldurarak vatansever bir gururla, ya da ihtiyaç zoruyla,
bir şeyler yapmanın arzusuyla, ne olursa,
yuvada kurulan ikinci siper hattında.

Türk kadınları silah taşıdılar Gelibolu'da orduya
kıttı cephane, bedenlerini kullandılar yerine,
Alman fabrikalarının teslimatını beklerken. Mermileri kadınlar yapıyordu.
Padişah fermanıyla, peçelerini açabilirlerdi çalışırken.
Ender fotoğraflardan birinde, yedi kadın, yüzleri açık, başörtüleri sarılı
uzun etekleriyle kaba saba bir masanın etrafındalar bir barakada, tenekeler açık,
patlayıcı dolduruyorlar kovanlara, dantel örer gibi dikkatle.
Yok, Türk kahvesi tütmüyor. Alışılmış kadın üstünlüğü çene çalmada
Yerini sessizliğe bırakmış, her biri işe dalmış,
narin eller aşınıyor parmak boyu mermi kovanlarının üstünde.
        Gülümsemiyor hiç kimse.

In England, women's football teams burst out of munitions factories,
shocking in shorts, bodies strong from lifting heavy shells, healthy at first,
except for the 'Canary girls', their yellow skin shining
brighter than flares, orange hair a badge of courage
as TNT poisoning sank its toxic glow into their flesh, their livers,
their blood and breast-milk, amber sweat on their sheets at night,
piercing pins and needles of acid spray on their faces,
in their throats and eyes. They finished each day blind, speechless.
A doctor told Caroline Webb: 'Half of you girls will never have babies
and the other half is too sick.' They worked on.

Photos show them knee-deep in fields of shells that point heavenward.
Unsmiling, the 'girls' move loads along overhead conveyor belts.
On less than half a man's wage, they risked those explosions that
mimicked battlefield carnage in English towns like Chilwell,
or refusing to cap her hair, machinery that had
ripped off the scalp of a blonde.
Women made ships, planes, artillery shells, machine guns,
textiles, tents, socks, uniforms, bandages.
They tamped-in explosives,
they sewed up sheets with their cordite fingers.

When sparse rations meant children starved beyond crying;
when she stood in queues waiting for names of the lost;
when she suffered fits from ether gas, or trudged village to village
asking for anyone who knew her son – did she resent it?

And after, forced out of work, back into a kitchen, alone
with his drunken pain, his nightmares, or the cold forever-empty bed,
watching influenza sweep in on the wings of peace,
burying more than the Great War, did she wonder?

What if they'd all stopped the production line of death,
left filling-factories empty, stayed unskilled with munitions,
stopped birthing the shredded bones of young men?
What if they had – at that point in history – said 'no'?

İngiltere'de kadın futbol takımı çıkıyor mühimmat fabrikalarından,
şaşırtıyorlar şortlarıyla, ağır kovanları kaldırmaktan güçlenmiş gövdeleri,
    sağlıklı hepsi,
'Kanarya Kızlar' dışında, sararmış ciltleri parlıyor
alevden de parlak, bir cesaret madalyası gibi portakal rengi saçları
oysa TNT zehirlemiş ağılı rengiyle etlerini, karaciğerlerini,
kanlarını ve sütünü memelerinin, amber kokan terlerini gece çarşaflarda,
püsküren asidi iğne ve çuvaldız gibi deliyor yüzlerini,
boğazlarını ve gözlerini. Her günü körleşerek bitiriyorlar, suskun.
Bir doktor diyor ki Caroline Webb'e: 'Yarınız çocuk sahibi olamayacak kızlar
diğer yarınız da hasta kalacak.' Yine de çalıştılar.

Fotoğraflarda dizlerine kadar uçları havaya dönük mermilerin arasındalar.
Gülümsemeden, tepelerindeki nakliye bantlarında taşıyor yükleri 'kızlar'.
Bir erkeğin ücretinin yarısına, tehlikeye attılar o patlayıcıları
savaş alanının kıyametini andırıyordu Chilwell gibi İngiliz kasabaları,
ya da örtmeyi reddedince saçlarını
makineler kazıyordu bir sarışının kafatasını.
Kadınlar gemiler, uçaklar, top mermileri, makineli tüfekler yaptılar,
kumaşlar, çadırlar, çoraplar yaptılar, üniformalar, bandajlar.
Patlayıcıları sıkıştırdılar,
Patlayıcı dolu parmaklarla dikildi çarşaflar.

Kumanya kıtlığı çocuklar ağlayamayacak kadar aç demekti;
bunu anladığında ve kayıpların adını beklediğinde kuyruklarda;
mühimmatın eter gazından nasibini aldıkça, ya da köyden köye savruldukça
sorarak var mı diye oğlunu bilen biri – dargın mıydı ki?

Ve sonra, zorla işten çıkarılıp, mutfağına döner, bir başına
yalpalayan acısı, kâbusları, ya da sonsuza kadar boş, soğuk yatağıyla,
gribin barışın kanatlarında usul gelişini ve gömülüşünü izleyerek
Birinci Dünya Savaşı'ndan daha fazlasını, şaşıyor muydu ki?

Ya durdursalardı çalışmayı üretim hattında ölümün,
beceriksiz kalsalardı mühimmat yapmada, boş bırakıp silah fabrikalarını,
ve durdursalardı kemikleri paramparça gençler doğurmayı?
Ya onlar – o dönüm noktasında tarihin – 'hayır' deselerdi?

Elegy for the music

Before dinner I played Scarlatti's C Minor sonata and Chopin's B Minor Ballade.
We all expect to be in action tomorrow.
        – Frederick Septimus Kelly, Anzac Cove, 1915. Diary.

As it pierces, what do they hear?
Is it different if music is always in your head
swirling itself into composition?
Then, with the suddenness of a blink,
a different timbre, even before you know it's death.
The sharpshooter doesn't realise –
his cold gun, lean bullet, keen eye –
are killing music.

German composer Rudi Stephan is 28,
has studied in Frankfurt at Hoch Conservatory, 1908.
His mind is agile in unstructuring notes,
a vortex up and up that rises on eagle wings,
currents across plains of a whirling tide.
By 1914, first opera completed,
music for orchestra, for mixed strings, he signs up.
Battle of Galicia, the Eastern Front.
Shot through his brain by a Russian,
vigilant as a raptor for prey.

Frederick Kelly is 35, composer,
Australian son of an Irishman,
Olympic gold-medal rower in the British team.
He studied at the Hoch Conservatory, 1908 to 1913.
By the time he fights in France, he knows what's coming.
Too many of his friends are dead:
Rupert Brooke, off Gallipoli, April 23,
Homer open on the bedside table, blood-poisoning
not at all the hero's death he had imagined.
Fred sits with him on the hospital ship, listening.
writing. He begins with the strings, helpless to draw life back.

Müziğe Ağıt

Akşam yemeğinden önce Scarlatti'nin Si-Minör sonatı ile Chopin'in B numaralı Sol Minör Baladını çaldım. Hepimiz yarın harekete geçmeyi bekliyoruz.
– Frederick Septimus Kelly, Anzak Koyu, 1915. Günlük.

Kulakları deldikçe, ne duyarlar?
Farklı mı olur müzik daima kafanın içindeyse
dönmek için bir besteye?
Sonra, göz açıp kapayana kadar,
farklı bir tını, hem de ölümden hemen önce.
Keskin nişancı varmaz farkına –
soğuk silah, kurşun, keskin gözler, –
müziği öldürmekte.

Alman besteci Rudi Stephan 28'inde,
Frankfurt'ta Hoch Konservatuvarında okudu, 1908'de.
Kıvrak zekâsı ile yeniden düzenliyor notaları,
bir girdap ki git gide yükselir kartal kanatlarında,
dönenip duran dalgaların akıntılarında.
1914'e kadar, tamamlanır opera,
orkestra için müzik, telli çalgılar, askere yazılır.
Galiçya Muharebesi, Doğu Cephesi.
Beyninden vurur onu avını bekleyen bir yırtıcı kuş gibi,
tetikteki bir Rus askeri.

Frederick Kelly, 35'nde, bir besteci,
İrlandalı bir babanın Avustralyalı oğlu,
Britanya takımında altın madalyalı bir kürekçi.
Hoch Konservatuvarında, 1908'den 1913'e.
Fransa'da savaşana kadar, biliyordu başına gelecekleri.
Pek çok arkadaşı ölmüştü.
Rupert Brook, Gelibolu'dan, Nisan'ın 23'ünde,
Homer açık duruyor başucunda yatağın, kan zehirlenmesi
hiç de kahramanlara yaraşır bir ölüm değil düşlediği gibi.
Fred oturmuş, dinliyor onunla, hastane gemisinde.
Ve yazıyor. Telli çalgılarla başlıyor, çaresiz, gidenler gelmez geriye.

Five friends from the 'Latin Club' of the trenches –
young men of aesthetics: composers, writers, artists –
row Brooke across to the Greek island Skyros he loves,
carry him one mile from the sea across stony ground for burial.
Reality of war and its boorish fervour,
its grit and gore, its finality, begins to etch itself slowly
into the innocent sheen of their porcelain-fine cheeks
that photographs will still hold tight a century on.

Fred notices the odd light under a clouded half-moon,
translucent sky open yet hiding something,
maybe just light, and the swayed fixture of trees
in the olive grove sheltering his friend from
over-heated summer skies, dark winters to come.
Moonlight faces-off the uncertainty of night and then
'a sense of tragedy' gives way to 'a sense of passionless beauty'
he winds around him as a shroud heading back to Gallipoli.
He draws thread after thread from that silky whorl of
transparent grief, to write *Elegy for Strings* in memoriam,
among the explosions of useless noise.

In that timpani world he carves a dirt shelf, lays his scores inside.
Loss hangs on him. Browne at 27 dead now too at Achi Baba.
Sun on his back reminds him of touch, saddens his longing for
his partner in music, Jelly d'Aranyi oceans away.
From unquiet hills on increasingly cold Gallipoli,
memory pulls her to him, gliding past fields of bluebells in
springtime England, along quiet rivers,
the sound of marsh-reeds whispering as he rows.
And yes! Why not find another tone, another image of life
to stretch out as a shield against all this dying?
Yes! Music alive among Turkish sunflowers,
not heavy with death or stagnation.

Cephedeki 'Latin Grubundan' beş arkadaş –
sanatla uğraşıyor hepsi de, besteci, yazar, ressam –
kürek çekerek götürüyorlar Brooke'u İskiri'ye, o çok sevdiği adaya,
taşıyorlar denizden bir mil içeriye taşlı düzlüklere gömmeye.
Gerçekliği savaşın ve onun pinti, hoyrat ateşi,
taşı ve kanı, kesinliği, usulca yontmaya başlar kendi kendini
yanaklarının porselen güzelliğindeki masumluğuna
ki fotoğraflarda hâlâ gergin kalır bir yüzyıl sonrasına.

Fred görür bulutlarla örtülü yarımayın ardındaki tuhaf ışığı,
açık da olsa bir şeyler gizliyor yarı-saydam gökyüzü,
belki sadece ışık, ve yazın sıcak güneşinden,
gelen karanlık kıştan arkadaşını sığınak gibi koruyan
zeytinlikteki ağaçların sallanan dalları.
Gecenin belirsizliğiyle yüzleşir ay ışığı
'bir trajedi hissi' dönüşüverir 'tutkusuz bir güzellik hissine' ardından
arkadaşını sarar bir kefen gibi, döner Gelibolu'ya yüzünü.
Ahenksiz patlamalar arasında, işe yaramaz gürültü patlamalarında
ilmek ilmek çeker saydam bir kederin ipek kozasından
Yaylı Sazlar Ağıtı'nı yazmak için arkadaşının anısına.

O patırtılı dünyada, kirli bir raf yontup, koyar biriktirdiklerini içine.
Kayıpların yükü omuzlarında. Browne 27'sinde, o da öldü Alçı Tepe'de.
Sırtına vuran güneş dokunuşlarını hatırlatır ona, özlemini perçinler.
Giderek soğuyan Gelibolu'nun huzursuz tepelerinden,
müzikteki ortağı Jelly d'Aranyi, okyanuslar ötesinden
anılarına girer, sümbül dolu tarlalarda yürürken
İngiltere'nin baharı, sakin nehirleri,
bataklık sazlıklarının sesini fısıldar çekerken kürekleri.
Ve evet! Niye bulunmasın bir başka tını, başka bir hayat imgesi
uzatıp kalkan gibi tutmak için ölümlere?
Evet! Bir tek müzik hayatta Türk günebakanlarının içinde
ne durgunlukla ağırlaşır yürekler ne de ölümle.

Piece by piece, between the shelled onslaughts,
he writes those faraway fields, that river, that spring,
into high flying twirls, fantasies of mind for her,
young Hungarian violinist who will never marry,
nor take his photo from her piano. She will hold
that sonata close, locked away for a hundred years –
Gallipoli Sonata in G.

Among the last to leave, he hears the quietness
of retreat in their 'successful evacuation',
absence, where once a strange city of young men died.
Facet-flashes from bright bayonets are dulled,
gullies and hills lie scratched with rough white crosses.
Briefly on leave he will play the Sonata with her in London,
before he is sent to the Somme, and stopped there
by a German sharpshooter's lack of grace.

Parça parça, bombalamalar arasında,
o uzak tarlaları notalara döker o kadın için, o nehir, o bahar,
zafer sarhoşu kıvrımlara, o kadının hayali aklında,
genç Macar kemancı asla evlenmeyecektir,
asla indirmeyecektir piyanosundan fotoğrafını. Elinde tutacaktır
o sonatı, yüz yıl boyunca kilitli kalmış –
G Gelibolu Sonatı.

En son ayrılanlar arasında, sessizliğini duyar
'başarılı tahliye' deki geri çekilmelerinin,
boşluğu, bir zamanlar öldüğü yerde bir şehir dolusu gencin.
Kristal gibi parıldayan süngüler yerine,
suyolları ve tepeleri doldurmuş kaba beyaz haçlar.
Kısa bir izinde birlikte çalacaktı Sonat'ı onunla Londra'da,
sevdiği adam Somme'a gönderilmeden, ve durdurulmadan önce
bir Alman keskin nişancının pervasızlığıyla.

The Shattering

with thanks to Alastair Macleod, grandson of Hector

Breath, it's mainly about breath, Aykut knows,
when he blows through the tuba hard, marching,
feet stamping, calves pumping, air drawn up, up
into lungs full with the brightness of harmonic joy,
trumpets beside cymbals, bass drums under whistles,
expulsion, the sounds of lung-deep rhythm.
Music of honour. Yes, music of war.
The army is strapped to his step,
the band's swell a roaring sea of power.
This force can defeat the world!

He knows the music of Europe –
Haydn, Mozart and Beethoven's
so-called 'Turkish' Marches, their twanging
with Turkish kettledrums, cymbals, triangles.
He knows that all the military bands of Europe
were grown from his own Mehter tradition
that could raise a din to make rock tremble,
wilt the sky into obedience.

But to the trenches he could only take his flute;
remember, as a dream, Anatolian love songs,
painful, searing as fire in the skin while
waiting through sleepless nights for the drench of
hot iron rain that drowns his comrades hundred on hundred,
fills his hours with hissing, minced-up nightmares
he can't escape. He wonders what thrill of note will
make him raise his head one more time to charge towards death.
Maybe a song will do it? He draws in to sing,
but shells lop it from him limb by limb,
everything melodic lost, music a shatter of steel.

Kırılma

Hector'un torunu Alastair Macleod'a teşekkürlerle

Nefes, aslında her şey nefestir, Aykut bilir
tüm gücüyle üflediğinde tubayı, yürüyerek,
vura vura ayakları, paçalar pompa gibi, hava yükselir,
yükselir, ciğerlere dolar parlak, armonik bir neşeyle,
zillerin yanında trompetler, üflemelilerin altında bas davullar,
dışarı çıkan, ciğer dolusu ritmin sesleridir.
Onurun müziği. Evet, müziği savaşın.
Ordu onun adımlarına bağlıdır,
bandonun sesi yükselir, kükreyen, güçlü bir denizdir.
Bu güç bütün dünyayı yenebilir!

Avrupa'nın müziğini bilir –
Haydn, Mozart ve Beethoven'ı
sözde 'Türk Marşını', onların telli tınılarını
Türk trampetlerini, zillerini, çelik üçgenlerini.
Avrupa'nın tüm askeri bandoları
Mehter geleneğinden çıkmıştır, bilir
yükselen çınlaması kayaları titretebilir,
gökyüzünü soldurup dize getirir.

Fakat siperlere flütünü götürebiliyor sadece:
hatırlıyor, rüya gibi, Anadolu aşk şarkılarını,
acı dolu, ateş gibi kavruluyor cildi beklerken bastırmasını
gece boyunca uykusuz sıcak demir yağmurunun
yüzlerce ve yüzlerce kez yoldaşlarını boğan,
saatlerini nefes nefese geçirir, parça parça kâbus
kaçış yoktur. Merak eder hangi notanın heyecanı
kafasını kaldırtacaktır ona, bir kez daha saldırmak için düşmana.
Kim bilir bir şarkı belki de? Bir nefes alır şarkı söylemek için, ama
bombalar keser şarkısını ondan kollar ve bacaklar halinde,
tüm ezgiler kaybolur, müzik bir çeliğin kırılma sesidir.

Breath, it's mainly about breath, Neil knows.
Tight to his chest, firm under arm, warm from his lungs
the bag fills, chanter flexes slightly as he fingers the tune, waiting.
Drone gripped he breathes fully in,
reeds tasting of ash, rotting men, gut-acid.
A mug of rum, orders bellowed, *pipers up front* – then –
over the top they go as he plays *The Blue Bonnet*
on war pipes far from the green fields of home,
his girl's face still pressed wet there to the window.

Far from his younger brother, champion wrestler –
Hector – a fated name too close to Troy –
though not so far now on Achi Baba,
urged forward by the wail of the pipes
swarming toward Turkish trenches,
smoke a haze of fear – and down, crumpled,
– slit, snap – bullet through his knee
bare below the kilt, another into his second
precious calf, ripped open, life ahead
hobbled humiliation in factory work making brushes,
tar's stench stuck bitter in his gullet.

Noise to Neil's right pierces scattering screams,
bagpipes let out their skirl that calls centuries of
fighting men forward, years of practice, of tunes
for dancers on their light feet, scythed quick to silence
as four pipers go down just before one large shell
blows him to dust, bag and bones pulverised,
pieces never to be found for burial.
Ever-hungry for his mouth again, his practice chanter
lies silent in an Orkney Island home.

Nefes, aslında her şey nefestir, Neil bilir.
Göğsüne sertçe basıp, sıkar kol altında, ciğerlerinden ılık nefesle
dolar torba, çalgıcı esnetir torbayı hafiften, basarken notalara parmaklarıyla.
Tını yakalanır, üfler bütün gücüyle
kül tadı vardır kamışlarda, çürüyen adamlar, mide asidi.
Bir fincan rom, emirler haykırılır, *gaydacılar en önde* – ve
siperlerin üstüne giderler çaldıkça hep ileri, hep ileri – *Mavi Bere* –
savaş gaydaları – memleketin yeşil çayırlarından uzakta,
sevdiği kızın yüzü ıslak cama yapışmış haliyle hâlâ aklında.

Erkek kardeşinden, o şampiyon güreşçiden uzakta –
Hector – adı alnının yazısı, fazlasıyla yakın Truva'ya –
artık Alçı Tepe'de o kadar uzak olmasa da,
atılıp ileriye gaydaların çığlıklarıyla
akın ediyorlar Türk siperlerine,
bir korku bulutu yükseliyor – ve aşağıda, iki büklüm,
– yarılıp, yıkılıyor – bir kurşun giriyor dizine
İskoç eteğinin altında, bir tane de baldırına
artık her şey tarumar, zor bir hayat var önünde,
çalıştığı fırça fabrikasında aşağılamalar,
katranın pis kokusu yapışıp kalıyor genzine.

Neil'in sağından gelen ses deliyor paramparça çığlıkları,
gaydalar haykırıyor yüzyıllardır olduğu gibi
çağırmak için savaşçıları, yılların deneyimi, o tınılar ki
tüy gibi ayaklar üstünde dansçılar içindi, kesilip sustular bıçak gibi
dört gaydacıyla yürüyünce hemen önüne bir top mermisinin
toza toprağa karıştı patlayıp, un ufak oldu tulumu ve kemikleri,
cenazesi için asla bulunamadı parçaları.
Dudaklarına hâlâ susamış yeniden, sessizce yatar evinde
Orkney Adasındaki prova şarkıcısı.

Green Road

This is the way that we went
to get here – past lochs in early dawn,
reeds so still they were painted in,
green shamrocks we'd sewn
into our jacket sleeves
never to match those shimmering Connaught fields
clotted white with sheep –
but travelling with us anyway. And out of Dublin's
grey light we came, out of the poor, the cold,
always hungry and now to be fed by our work.
And out of Trinity, the future of a new nation.
They would know us then –
our imperial overseers –
know our worth in battle,
pay the value in our freedom after.
That is honour. That is why we came.

The Fife band of the Irish Fusiliers played
The Wearing of the Green
as we sailed out to war from Devonport,
those of us coast-born, knowing the fear
of a rough sea and the want of swimming in it.
We had thought to save poor wee Belgium.
We knew it wasn't France when they
shaved our heads for the heat, lads
running anyways to avoid it.
We'd heard from the Irish gone before,
Gallipoli was hell, but when they landed us
under sheer cliffs, and no artillery, it didn't make sense.

Yeşil Yol

Bu yoldu gittiğimiz
varmak için oraya – gölleri geçip şafakta,
öylesine sakin ki sazlıklar, rengine boyanmışlar,
ceket kollarımıza diktiğimiz
yeşil yoncaların
asla eşleşmemek için rengiyle
koyunların beyaza boyadığı ışıl ışıl Connaught tarlaların –
ama bizimle seyahat eder yine de. Ve çıkıp geldik işte
Dublin'in gri ışıklarından, yoksulluğundan, soğuğundan,
her zaman aç ve artık işimizle beslenecek olan.
Ve Triniti'den, yeni bir ulusun geleceğinden.
Öğrenecekler bizi o zaman –
imparatorluk yöneticilerimiz –
savaşta anlaşılacak kıymetimiz,
özgürlüğümüzle ödeyecekler değerimizi sonradan.
Bu bir onurdur. Bu yüzdendir gelişimiz.

İrlanda Piyadelerinin Flüt Bandosu
Yeşilin Yıpranışı marşını çalıyordu
biz yelken açarken Devonport'tan savaşa doğru,
biz sahil doğumlular, hem korkusunu biliriz
fırtınalı denizin hem de denizde yüzme arzusunu.
Zavallı küçük Belçika'yı kurtaracaktık
Fransa değildi gittiğimiz anladık
sıcak hava için kazıdıklarında saçlarımızı
delikanlılar dört bir yana kaçışıyordu.
Önden giden İrlandalılardan duymuştuk,
cehennem gibiydi Gelibolu, ama indirdiklerinde bizi
sarp kayalıkların altında, hem de ağır silahsız, anlamadık ne olduğunu.

We waited. We waited too long.
In heat I've never known. Shears your skin off,
peeling it back, sunburn red-raw.
Water now, I knew about water, and rain.
I lived on land that was watery earth,
it never went dry. But I never knew
how precious it really is, how alive
it brings you, how strong it makes you, and
what it can do to you – going without –
slit lips, mouth full of pebbles for the wet,
stumbling about so mad for it,
you don't care if anyone can shoot you.
Honest men made thieves, liars,
some gone so crazy they might kill for it.
Wild flowering plants over those hills,
there must have been clear springs somewhere –
if anyone in charge had a map.

This is the way we went and nothing more to know.
Jumping from lighters and drowning,
the chuck of bayonet up the guts,
or hailed into with lead, 'riddled' such a true word.
Say it fast many times – *riddled riddled riddled* – that's it.
General Sir Bryan Mahon, a Galway man,
had a tantrum when he didn't get promoted, resigned and
headed off to an island, leaving his men under fire,
and no-one game to pull us back without command.
The Fife Band was swallowed by Suvla. One great bite.
Most of us were dead in the many ways of war.
Most of us wearing the green, never got back.

Bekledik. Çok bekledik.
Daha önce görmediğim bir sıcakta. Derini kabartan,
soyup, altından kıpkırmızı güneş yanığı çıkaran.
Su lazım şimdi, suyu bilirdim, yağmuru da.
Toprağı sulak bir ülkede yaşadım,
asla kurumazdı. Hiç bilmezdim oysa
bunun ne kıymetli olduğunu, nasıl hayat verdiğini
nasıl da güçlendirdiğini insanı,
neler yapabildiğini sana – dolaşma diye ortalıkta –
dudakların çatlak, sulandırmak için çakıl dolu ağzınla,
sendelerken su için çılgınca,
umurunda değildir hiç vurulsan da.
En dürüstler bile döner hırsıza, yalancıya,
kimi öyle döner ki çılgına, öldürebilirler seni onun uğruna.
Çiçek açmış yabani bitkiler var yukarıda,
su pınarları olmalı orada bir yerlerde –
kime yok mu gösterecek yerini haritalarda.

Buydu gittiğimiz yol ve bilinecek başka şey yoktu.
Dubalardan atlayıp boğuluyoruz,
dimdik süngüler karınlarımı
ya da mermi yağmuru altında, "delik deşik" olmuşuz en doğrusu.
Hızla söyle defalarca – *delik deşik delik deşik delik deşik* – işte bu.
General Sir Bryan Mahon, bir Galway'li,
sinir krizi geçiriyor terfi edilmeyince,
bir adaya gidiyor, bırakıp adamlarını ateş altında,
ve kumar oynamıyor emirsiz geri çekmek için bizi.
Flüt bandosunu Suvla Koyu yutuyor. Bir lokmada.
Pek çoğumuz öldü savaşın pek çok halinde.
Pek çoğumuz yeşil giyen, bir daha hiç geri dönmedi.

This is the way we left, in early dawn,
past the broken wire, small heaps of charred khaki –
wounded burned to death by gorse fires –
bodies heaped so you couldn't tell
what country they were from, scattered about,
half-buried, the smell of crushed thyme
never to leave the company of blood, of cinders.
We sailed over the ones that never made it to land,
never fired a gun, or saw the carnage,
drowning out of the *River Clyde*.
They were from my home-place and I left them there
in those razor ravines, too far from Irish earth.

I shake out of rage now as I did then, frustrated,
throwing stones when grenades were gone.
All I want to do is drink water, drink and drink,
drown in it, drink anything.
Will they pay that honour-price now,
do you think? Will I have my own country
when I get back to it? The Turks have theirs.

Buydu ayrıldığımız yol, erkenden şafakta,
geçerek kopuk tel örgüleri, yanık haki öbeklerini –
çalı yangınlarıyla yanarak ölen yaralıların cesetlerini –
öyle yığılmış öbek öbek bedenler ki bilinmez
kimin hangi ülkeden geldiği, dağılmışlar etrafa,
yarı yanık, ezilmiş kekik kokusu
bırakmıyor peşini kanın ve külün asla.
Karaya asla çıkamayanları üstünden sürüyoruz gemileri,
ne bir silah atabilmişler, ne de kıyımı görmüşler,
düşüp boğularak *River Clyde* gemisinden.
Hepsi de benim memleketimden ve bıraktım orada
o jilet gibi keskin çukurlarda, İrlanda topraklarından çok uzakta.

Sarsılıyorum şimdi o zaman olduğu gibi, öfkeyle,
taşlar fırlatıyorum el bombaları bitince.
Tüm istediğim su içmek, içmek ve içmek,
içmek ne olursa, boğulmak içinde.
Ödeyecekler mi bu onurun bedelini sence?
Benim kendi vatanım olacak mı
geri dönünce? Olduğu gibi Türklerde.

Yeşilin Yıpranışı : The Wearing of the Green

Sky fighting

'French invention, German made'
— stamp on the fin of a flechette

Fat and solid under wood and straw hats,
old stone windmills of Tenedos throw their fabric sails
to the wind, dance for the living, grinding flour.
Below their hill, Göztepe,
strange insects are uncracking from larva cages,

huge crates dragged by mules from ships up to a flat space.
Unpacked like a child's toy kit, they are air creatures of
wire, wood and linen, assembled part by part.
In the castle grounds, their timber boxes
house men who will thrust war into the skies.

To the Greeks there, who suddenly feel the heat of war –
Britain and France arriving unannounced in their village,
taking over the ruined Venetian castle grounds –
heaven becomes confused with noisy dragonflies,
man-made without the delicate beauty of their wings.

Turkish and German pilots watch the swarm unfold,
aware of their own poor numbers for attack.
Mutual prey, the beauty of their flights
hide the newest and the oldest weapons of death –
height that increases the speed of simple metal darts.

Flechettes – 'little arrows' – are unleashed with French finesse.
Four-inch pointed steel with fins,
dropped by boxloads of 500, they hail terror,
can pierce a man from his head through his organs to his feet.
Silent, a hard rain and deadly, one kills Turan, son of Mehmed.

Gökyüzü Savaşı

'Fransız icadı, Alman yapımı'
  – bir misket bombasının üstündeki damga

Şişkin ve sağlam, ahşap ve hasır şapkalar altında,
Bozcaada'nın eski taş yel değirmenleri açarlar
bez yelkenlerini rüzgâra, yaşayanlar için dans edip, un öğütürler.
Tepelerinin altında, Göztepe,
tuhaf böcekler fırlıyor larva kafeslerinden,

koca sandıkları çekiyor gemilerden düz bir yere katırlar.
Bir çocuğun oyuncak paketi gibi açılan, hava yaratıkları bunlar
telden, tahtadan ve ketenden, parça parça birleştiriyorlar.
Kale sahasında, keresteden sandıklar
içinde barınıyor gökleri savaşla sarsacak adamlar.

Oradaki Rumlar, kendilerini apansız savaşın ateşinde bulanlar –
Britanya ve Fransa habersiz gelip köylerine,
el koyunca kale sahasındaki Venedik harabelerine –
gökyüzünü karmakarışık eder gürültülü yusufçuklar,
hele o insan yapımı filigranlı güzellikten yoksun kanatlar.

Türk ve Alman pilotlar çözülüşünü izliyor aşağıdaki yığınların,
farkındalar saldırı için kendi yetersiz sayılarının.
Karşılıklı bir av, uçuşlarının güzelliği
gizliyor en yeni ve en eski ölüm silahlarını –
yükseklikleri arttırıyor hızını basit metal oklarının.

Misket bombaları – 'küçük oklar' – salıverilmiş Fransız kurnazlığıyla.
Dört parmaklık sivri çelik kanatlar,
atılarak 500'lük kutular dolusu, şiddet yağmuru,
delik deşik edecek güçte bir adamı tepeden tırnağa.
Sessiz, ağır, ölümcül bir yağmur, bir damla öldürüyor Turan'ı, Mehmet'in oğlu.

Collected as a souvenir by a New Zealand soldier
it travels by sea with Turan's blood-smeared identity book,
pencil neatly packed inside his crescent moon and star.
Maybe on the same ship, that lucky Maori who dipped his head,
the spinning dart piercing cleanly through his ankle to the ground.

Reconnaissance at first, the planes shoot only film,
robbing the ground of surprise. Then flechettes by boxload.
Later, they drop hand-held bombs overboard,
to whistle their mortuary tunes.
An industry developing fast, soon the pilot will

sit over his large bomb, petrol leaking onto his legs,
and later, carry a gunner, two pairs of busy eyes
searching the ground for prey, hoping their aim is right.
When the planes appear over Gallipoli,
to every man trapped in the dead filth of trenches,

they seem so free, up high in the blue open sky,
able to fly away from the bloody un-limbed day,
free to un-see, to un-hear, to un-know
the sharp business of metal resculpting flesh, unaware,
those flying coffins have a flimsy lifetime in their flight.

Anı olarak almış bir Yeni Zelanda askeri
deniz yolculuğuna çıkıyor Turan'ın kan lekeli kimliği,
özenle yerleştirilmiş ay yıldızlı kılıfın içine kalemi.
Belki de aynı gemide, o şanslı Maori de vardır, son anda başını eğen,
döne döne inen ok, ayak bileğinden geçip toprağa giren.

Önce havadan keşif yapıyor, sadece film çekiyor uçaklar,
baskına uğratmamak için yerdekileri. Sonra misket bombası dolu sandıklar.
Ardından, elle atıyorlar bombaları uçaktan,
ıslıkla çalmak için ölüm ezgilerini.
Hızla gelişen bir beceri, pilot yakında

oturacak geniş bombasının üstüne, petrol sızacak bacaklarına,
ve sonra, bir nişancı taşıyacak, iki çift dikkatli göz
avlarını arayacaklar yerde, doğru olduğunu umarak amaçlarının.
Uçaklar göründüğünde Gelibolu semalarında,
siperlerin ölüm kirliliğinde hapsolmuş herkese,

nasıl da özgür görünürler göze, yükseklerde, masmavi göklerde
kan dolu, kolsuz bacaksız bir günden uçabilecek güçte,
gör-meyecek, duy-mayacak, bil-meyecek kadar özgürce
keskin bir iş bu, habersizdir yeniden şekil veren beden metale,
o uçan tabutların ömrü pamuk ipliğine bağlıdır gökyüzünde.

The Dead

He watched the boy's brain leak away,
stared directly into his eyes only.
Thousands lay before him out there
where brutal harvest cut them.
Everywhere here was crowded
with the dead. The Imam sighed –
surely it was not intended,
so many children of God dead.
His clothes were stained with blood
where he held them. Thick now,
his whole sense of cleanliness lost.
Without water, it was not possible.
There was no time to wrap them,
no white cloth, no space to lay them
in any soft earth. He scarcely believed it.
It grieved his heart that this respect
was not possible. It hurt his very bones.
His mouth was turning sour with it.

'Father,' his voiceless prayer, 'help me.'
But the priest could not carry him any further,
laid the bleeding orderly down.
He had given mass that morning in the trenches.
They were shaking and pleading for it.
He hoped it was enough for the thousands
whose last rites were unspoken
as they rushed straight into the shafts of
bayonets, the shred of bullets,
broken bodies a carpet over the land.
He could not see a grass blade.
He watched Chaplain, Hindu, Jew, bewildered.
It pained him in his chest. A knife there.
It simply cannot have been meant by God,
this wasteful slaughter. Helpless in despair
he tried for burials, but there was no stopping
a second time. It blurred the lines between
friend and enemy. As if God would define.

Ölüler

Çocuğun beyninin akıp gidişini izledi,
yalnızca gözlerinin içine bakıp.
Binlercesi uzandı kaldı önünde
zalim bir hasatla biçildikleri yerde.
Burada her yer tıklım tıklım
ölülerle. İç geçirdi imam –
niyet edilen bu değildi elbette,
bu kadar çocuğunun ölmesi Tanrı'nın.
Giysileri kan lekesiydi baştan aşağı
tuttuğu her yerde. Artık koyulaşmıştı,
yitip gitmişti tüm temizlik anlayışı.
Su olmadan, imkânsızdı.
Kefenleyecek vakit yoktu ölenleri,
ne kefen bezi vardı, ne de gömecek yer
bir avuç yumuşak toprağa. Güçtü buna inanması.
Yürekten kederliydi, bu kadar bile saygı
imkânsızdı. Kemiklerine kadar acı duydu.
Zehir gibiydi ağzının tadı.

'Peder,' sessiz duasında, 'yardım et bana.'
Fakat peder taşıyamadı onu daha uzağa,
usulca bıraktı kanamalı eri toprağa.
Ayin yönetmişti o sabah siperlerde.
Titriyor ve yalvarıyorlardı bunun için.
Yetsin diye umut ediyordu bu ayin binlercesine
kutsanmadan ölen son nefesinde
çıkar çıkmaz koşup gidenlere
süngülerin, mermi kovanlarının altına,
parçalanmış bedenleriyle toprağa halı gibi serilmeye.
Tek bir ot göremedi.
Papazın, Hindu'nun, Yahudi'nin şaşkınlığını izledi.
Göğsünde duydu acıyı. Bıçak gibi.
Tanrı bunu kastetmiş olamazdı besbelli,
Bu savurgan katliamı. Aciz ve çaresiz
gömmeye çalıştı cenazeleri, ama yoktu duracak zaman
bir kez daha. Bulandırdı dostla düşman
arasındaki çizgileri. Tanrı böyle mi isterdi sanki.

'Anybody left? Anybody left? No?'

The British naval officer in charge of the beach calling from the last barge to leave.
December 20, 1915
          – Memories of Charles Bingham, Anzac

November snows in a blizzard. Gurkhas
are carried down the mountains, feet eaten with frostbite.
Sentries freeze at their posts, rifles sealed to their hands.
At Anzac, more than two hundred are dead from the cold
that bites its way into their bowels.
Cut-down shorts of summer
expose flesh to ice, boots frozen on.
The bruised, burnt land is white as the colourless dead.
Turks wait on this crystal-flaked ally, patiently,
while London is a tug-of war politics.

Two calm nights open the way – no wind, just fog.
Ships glide eel-smooth away from the jetty
from 8 pm, all light gone vacant,
sea's cloudy sigh filling a worn sky.
Rations improved two weeks earlier.
Men in groups have been disappearing, rehearsing,
cricket still played on the beach in weird normality.
They are boarded night-by-night, slowly to avoid detection,
an impeccable precision not shown on landing,
when *River Clyde* belched out men as clay pigeons for shooters.

Casualty clearing stations are last to leave,
in expectation of 20,000 wounded. But there are none.
Charles Bingham lays a table set with plates,
bully-beef, knife and fork, *Turkish Patrol* playing
on a Red Cross gramophone.
His note reads – 'have a good feed, Johnny'.
Basil Holmes – not a scotch drinker –
leaves an unopened bottle of Johnny Walker
in his dugout at Quinn's Post,
a scrap of paper with its message – 'a present for a good Turk'.

'Kimse kaldı mı? Var mı kalan? Yok mu?'

Kumsaldan sorumlu İngiliz deniz subayı, ayrılacak son mavnadan seslenirken.
20 Aralık, 1915
  – Anzak Charles Bingham'ın anıları

Kasım karı tipiye döner. Gurkalar
dağdan aşağı taşınmışlardı, buz kesmiş ayaklar.
Nöbetçiler donuyor görevde, ellerine yapışmış tüfekler.
Anzak'ta, iki yüzden fazla ölü var soğuktan
insanı bağırsaklarına kadar ısıran.
Kısa kesilmiş yazlık şortlar
maruz bırakıyor çıplak derileri buza, donmuş ayaklarda botlar.
Yaralanmış, yanmış toprak bembeyaz renksiz ölüler kadar.
Türkler billur gibi pul pul olmuş müttefikin başını bekler, sabırla,
Londra siyasi bir mücadele içindedir bu esnada.

İki sakin gece açıyor yolları – rüzgâr yok, hava sisli.
Gemiler kayıyor dümdüz rıhtımdan yılan balığı gibi
8'den itibaren, boşa yanar tüm ışıklar,
denizin bulutlu nefesi doldururken gökleri.
İki hafta önce iyileştirildi istihkaklar.
Gruplar halinde kayboluyorlar ortadan adamlar, prova yapmaya,
kriket oynanıyor sahilde tuhaf bir sıradanlıkla.
Geceden geceye biniyorlar gemiye, göze çarpmadan usulca,
inerken gösterilmeyen kusursuz bir duyarlılıkla,
River Clyde boşalttığında askerleri, uçan hedefler gibi nişancılara.

Zayiat taşıyan birimler en son ayrılacaklar,
20.000 yaralı bekliyorlar. Fakat hiç yok.
Charles Bingham bir sofra kuruyor, masada tabaklar,
konserve dana, bıçak ve çatal, *Türk Devriyesi* çalmakta
bir Kızıl Haç gramofonunda.
'Afiyet olsun Johnny' – yazıyor elindeki notta.
Basil Holmes – viski sevmediğinden –
bir şişe açılmamış Johnny Walker bırakıyor
Quinn's Post'taki sığınağında,
'iyi bir Türk'e armağanım' – yazıp bir kâğıt parçasına.

Arthur takes only his boomerang with him.
Carved into it, the names of eleven, dark like him,
who said they were half-caste to get in,
recruiter colour-blind, enlisting them
for a country that gives them no vote,
no citizenship, no rights over their children,
only equality here in sharing death.
Horses and mules have been shot, rations gulped or burned,
ammunition loaded or smashed, rum dumped.
Rifles rigged with stone or water weights
keep shooting at nothing at all.

Fires explode in trenches to draw Turkish attacks.
With boots wrapped in sandbags to dull the tread,
men, like soundless ghosts, move to the jetty,
falling asleep on barges before they reach ship,
drowning in exhaustion. Those awake turn their backs,
or watch with distress, uneasy about a strange kind of longing
to stay where friends, brothers, sons and fathers
are buried or dusted to vapour in ways too cruel for memory.
Yet they take away a sense of knowing who they are – Anzacs.
Silently they wonder if France will be easier than this.

Lines of dead horses shock the Turkish scout
sent down to explore the sudden silence as fog is lifting.
Adil Shahin arrives on the beach in early dawn
hardly understanding the unbelievable
 – empty hills, empty shore –
vacant of man and beast. His regiment gathers sugar,
biscuits, rice and flour – a strange harvest.
Silence is an eerie language, so attuned is he
to sharp cracks, explosive blast, that he feels half-deaf.

Arthur sadece bumerangını alıyor yanına.
On bir kişinin adları yazılı üzerinde, kendisi gibi koyu tenli,
melez olduklarını söylediler girmek için askere,
renk görüydü askerlik memuru, aldı listeye
onlara ne oy hakkı, ne yurttaşlık, ne çocukları üzerinde
hak veren bir ülke için savaşmaya,
ölümü paylaşırken eşittiler sadece.
Atlar ve katırlar vuruldu, kumanyalar bitti ya da yandı,
cephane silahlara dolduruldu ya da tahrip oldu, rom döküldü.
Tüfekler ya suyla ya da taşla ağırlaştılar
hiçbir şey vurmadan ateş ediyorlar.

Ateşler açılır siperlerden Türk hücumlarını çekmek için.
Ses çıkarmasın kum torbalarına sarılı postallar,
sessiz hayaletler gibi taşırken askerleri rıhtıma,
uyuyakalırlar gemiye varmadan daha filikada,
gömülerek yorgunluğa. Döner sırtlarını uyanık kalanlar
sıkıntıyla izlerler ya da, tuhaf bir özlemin verdiği huzursuzlukla
kalmak isterler oysa arkadaşların, kardeşlerin, oğulların ve babaların
gömüldüğü ya da toz olup uçtuğu yerlerde, insana acımasız gelen o anılarda.
Yine de, bilirler kim olduklarını – Anzak'tır onlar.
Sessizce düşünürler, bundan daha mı kolay olurdu yoksa Fransa.

Yan yana dizili ölü atlar sarsıyor Türk keşif erini
keşfe gönderildiğinde sis kalkınca çöken ani sessizliği.
Adil Şahin şafakta ulaşır sahile
güçlük çeker anlamakta
– boş kıyıyı, boş tepeleri –
ne bir insan ne bir hayvan izi. Şeker toplar taburu,
bisküvi, pirinç ve un – ne tuhaf hasattır bu.
Ürpertici bir dildir sessizlik, oysa öyle uyum sağlamıştır ki
sert çatırtılara, patlama seslerine, kulakları yarı sağır sanki.

Flotsam and jetsam of war lie about the beach,
a tidal debris of evacuation.
Water condensers, rowboats, telephones, ammunition,
the bounty increases as they walk their land
once more free of trespass. And on the hills and gullies
rough crosses attempt to put count to the dead,
to name them for the future, though barely enough
are known. Trenches are graves to friend and enemy alike.
Zeki Bey walks among them, a deep mourning in him.
And more to come, next orders crushed in his pocket.

Far way in the unattained, desired Constantinople,
a military mind of foresight and strategy
behind blue eyes that always see into the distance,
the man who held sway when he said, 'lie down and die',
recovers his body from illness, begins his own campaign.
He speaks of the honour of his men, so ill-equipped
except with valour, who took a second victory from invaders.
Out of the dust of Gelibolu, out of its blood-black soil,
his vision of a new country flowers, a freer order,
a modern Turkey, stronger, that one day he will raise,
phoenix from the flames.

Yayılmıştır kumsala savaşın enkazı,
tahliyenin dalgalarla gelen artıkları.
Su soğutucular, sandallar, telefonlar, cephane,
ganimet artıyordu yürüdükçe üzerinde
bir kez daha onların olan toprağın. Ve tepelerde ve hendeklerde
derme çatma haçlar dikili, göstermek için ölenlerin sayısını,
kalsın diye geleceğe adları, ne kadar az olsa da
bilinenler. Mezar olmuştur artık dosta düşmana siperler.
Zeki Bey yürüyor aralarında, derin bir keder içinde.
Ve devamı da gelecek, sıradaki emirler buruşmuş cebinde.

Ulaşılamamış, arzulanan Constantinople var uzaklarda,
öngörü ve strateji dolu bir askeri zeka
her zaman uzakları gören mavi gözlerin ardında,
komutayı eline alan adam, 'ölmeyi emrediyorum', dediğinde,
iyileşir vücudunu saran hastalıktan, başlar kendi harekatına.
Şerefli olduğundan bahseder adamlarının, yetersizdir teçhizatları
mertlikleri dışında, söke söke almışlardır işgalcilerden ikinci zaferi de.
Gelibolu'nun tozundan, kanlı kara toprağından,
yeni bir ülkenin çiçek açtığını görür, daha özgür bir düzenin,
modern, daha güçlü bir Türkiye, yükselecektir alevlerden,
bir gün mutlaka Zümrüdüanka.

Luck

Fear is no more a crime in war than in peace. Inability to control or smother fear is an unpardonable and dangerous crime in war and, as it is contagious, must be treated like any other disease in peace time – abolished.
　　– Brigadier-General Frank Percy Crozier

I was lucky, lived though Gallipoli,
was sent to France. Kept the faith. Lost something
deep that never restored itself. But faith –
that had to go with you. Belief in command,
that they know the purpose. This gives you strength.

Faith in our leaders, our God, that's it.
Fear is contagion, runs through the ranks
faster than rats spreading plague. Battlefield discipline
has to be maintained. The Brits have it sorted.
Discipline helps compliance.

Still, some think too much, lose their way in it.
Field Punishment Number 1 –
shackled to a frame, regulations tell us
how his legs should be pinned,
his hands. Like crucifixion.

Gangrenous after two days, one lad's hands were
cut off; another soldier hanging near the front line
swung as firing practice for the Germans.
'Deserters' are shot by their own friends.
I don't know why they do that. Officers. Make us.

James Crozier, Belfast boy, taking refuge
from the cold wet trench in a farmhouse, fell asleep.
They had to fill him with rum, he could barely stand.
Had to be hooked up on the post like butcher's meat,
shot at dawn at 21. I felt for him. He was just tired.

Talih

Korku, barışta olduğundan daha büyük bir suç değildir savaşta. Savaşta korkuyu kontrol edememek veya bastırmaya çalışmak affedilmez ve tehlikeli bir suçtur ve bulaşıcı olduğu için, barış zamanındaki herhangi bir hastalık gibi görülerek önlem alınmalı, ortadan kaldırılmalıdır.
— Tugay Komutanı-General Frank Percy Crozier

Talihliydim, Gelibolu'ya rağmen yaşadım,
Fransa'ya gönderildim. İnancımı korudum. Derinlerde
onulmaz şeyler yitirdim. Ama inanç,
nereye gidersen git, gelmeliydi. İnancın sözü geçer,
iyi bilirler amacını. Budur size güç veren.

Liderlerimize inanalım, bir de Tanrıya, hepsi bu.
Bulaşıcıdır korku, bütün rütbeleri dolaşır
vebayı yayan farelerden de hızlı. Savaş disiplini
muhafaza edilmelidir. İngilizler çözmüştür bu işi.
Disiplin getirir itaati.

Yine de, kimileri fazla düşünür, kaybolur kurallar içinde.
Savaş Alanı Cezaları 1 —
demir çerçeveye zincirlemeli, mevzuat böyledir
bacaklar nasıl çivilenmelidir,
hele elleri. Adeta çarmıha gerilecektir.

Kangren olur iki gün sonra, bir gencin elleri
kesilir; bir başka asker cephenin önünde asılı durur
sallanır atış talimi olsun diye Almanlara.
'Kaçaklar' arkadaşları tarafından vurulur.
Bilemem bunu niye yaparlar. Subaylar. Bize yaptırırlar.

James Crozier, Belfast'lı bir çocuk, kaçarken
soğuk, ıslak siperlerden, uyuyakaldı bir çiftlik evinde.
Rom içmek zorunda kaldılar, ayakta zor duruyordu.
kasaplık et gibi kancayla asıp bir direğe şafakta
vurdular 21 yaşında. Acısını duydum. Sadece yorgundu.

Herbert Burden was an English kid, frightened at 17,
tears edging quietly down under his blindfold.
I'm glad I'm in the Anzacs. They're not allowed to
shoot us, but Kiwis, that's OK. That's bad luck.
Victor Spencer was their last one executed.

He still visits me at night. His eyes never leave me.
He was 24, raving, with the shakes,
those eyes turned inward, a blankness in him.
Dreadful. He had volunteered,
Maori engineer in a non-Maori pioneer unit.

I knew him on Gallipoli, blown up at Armentières,
executed by a firing squad that could barely
stand ourselves. I wish the end was simpler.
I don't get this part. But I'm lucky.
Only got the squad duty twice.

Herbert Burden, 17'sinde bir İngiliz çocuk, korkuyordu,
gözbağının altından usulca süzülüyordu gözyaşları.
Ne mutlu ki, ben Anzak'tım. Yetkileri yoktu
bizi vurmaya, Yeni Zelandalılar vurulabilirdi ama. Kör talih.
Victor Spencer infaz edilen son çocuktu.

Hâlâ geceleri gelir yanıma. Asla terk etmez beni gözleri.
Daha 24 yaşında, deli dolu, sarsıntılarla,
İçe dönmüş o güzel gözleri, bir boşluk var yüzünde.
Ürkütücü. Gönüllüydü oysa,
bir Maori mühendisi Maori olmayan bir birimde.

Gelibolu'da tanıdım onu, Armentières'de kesilmiş soluğu,
kendisi zor ayakta duran bir idam mangası
yaptı infazı. Sonu daha kolay olsaydı keşke.
Anlamıyorum bu kısmı. Talihliyim ama.
Sadece iki kez çıktım manga görevine.

When he was young, once

She only knew his body when it was young.
Not this.
He rode wild horses, tamed everything,
everything. He prayed, or not.
He swept her into life.
His urgency was for her alone
not some idea of history, some vision of a hero.
Now this short year that seemed so long –
and she did not know this body now.

Not this.

Scarred, the leg gone, mind altered beyond
his being able to speak of it except to say –
'we did things we had to do'.
She had been so hungry. No food.
She had been so alone.
Everything changing, family dispersed,
confusion, no-one to underpin
all that was familiar, known.
She wanted him back.

Not this.

She only knew his body as husband.
She remembered the moustache they laughed about,
her lace veil trailing, her hennaed hands in his,
her happiness, certainty of a future –
never years passing apart, the place falling to dust,
death lists, the fear of news, the understanding
everything had gone now that she knew.
Everything changed.
She didn't want this.

Not this.

Gençken, bir zamanlar

Kadın sadece gençken biliyordu onun bedenini.
Bunu değil.
Vahşi atlara biner, ehlileştirirdi her şeyi,
her şeyi. Dua ederdi, ya da etmezdi.
Hayatın içine sürdü kadınını.
Sırf onaydı acelesi
tarihi bir fikre değil, kahramanlık hayaline değil.
Şimdiyse bu uzun gelen kısacık yıl –
ve kadının tanıdığı beden bu değil şimdi.

Bu değil.

Yaralı, bacağı kopmuş, aklını yitirmiş
konuşamayacak kadar, şuydu bütün söyleyebildiği –
'biz yaptık üzerimize düşeni'.
Kadın çok açtı. Yemek yoktu.
Kadın çok yalnızdı.
Değişiyordu her şey, aile darmadağındı,
kargaşada, dayanacak kimse yoktu
güvendiği, bildiği.
Geri istediği bu değil.

Bu değil.

Kadın sadece kocası olarak biliyordu bedenini.
Bıyığını hatırlıyordu her zaman güldükleri,
dantel peçesi sarkıyordu, kınalı elleri erkeğinin ellerinde,
mutluluğu, geleceğinin güvencesi –
yıllar hiç ayrı geçmezdi, darmadağın oluyordu her yer,
ölüm listeleri, haber korkusu, anlamak
bildiği her şeyin yok olduğunu şimdi.
Her şey değişmişti.
Bu değildi istediği.

Bu değil.

What country is this? Men full of strange energy
they call 'war'. They call 'necessary'.
She can see it in a trapped kind of way, that necessity.
But every young man from her town,
every station hand, every merchant in the market,
every father who had seemed so old then.
Now him. Old while young.
She wanted him back, real as the rocks and the sand,
lonely for the 'him' she knew in her heart, in her very loins.

Not this.

Hangi ülkeydi burası? Tuhaf bir enerjiyle doluydu erkekler
'savaş' diyorlardı adına. 'Gerekli' diyorlardı.
Görebiliyordu, tutsak bir halde, bu gerekliliği.
Fakat, her genç erkek onun kasabasından,
her istasyondan, her tüccar pazar yerinde,
her baba o zaman çok yaşlı görünen.
Şimdi de o. Gençken yaşlanan.
Geri istiyordu onu kadın, kayalar ve kumlar kadar gerçek,
'onun' için yalnızlığıydı bildiği kadının tüm kalbiyle, tüm varlığıyla.

Bu değil.

Second skin

Sticky veil, this grief,
second skin impervious to touch.
Plum jam – his favourite – rests thickly in the spoon
she holds, has been holding now for two hours.
It slips along her hands, her veins, dripping.
Only the wretched know this stillness –
and the dead.   She must clear up.

They cannot give her white marble and red poppies
to grow him back. She wants to go there,
look up at the impossible height and shiver,
dig like an animal among the rough cliffs
with her bitten nails, her bared teeth,
among the bones on the sandy beach in the shallows,
find him and stick him back together.

The sea was scarlet but it will be Aegean-blue now.
Her son cannot be remade like that, washed fresh –
some god decree a whirl, a vortex in tidal time,
find the pieces and meld him back along the spine.
He wrote – 'it is bloody, mother,
and won't be over by Christmas. I can't tell you more,
it lacks faith' – but hid the real letters in a sardine can

they sent back not knowing. When she opened it
fishy fear leached out of the blue pencilled lines
and no-one to hold him in the night as she did for
his night terrors as a child and smooth his hair back.
'We couldn't find enough of Charlie to bury him.'
The thought of his fear pierced her, cut her throat,
took her voice and she doesn't want it back.

İkinci Cilt

Yapışkan bir peçe, bu keder,
hissetmez dokunuşu ikinci bir deri.
Erik reçeli – en sevdiği – tepeleme bekliyor
elindeki kaşıkta, tam iki saattir hareketsiz tutuyor.
Akıyor ellerinden, damarlarının üstünden, yere damlıyor.
Sadece acıdan perişan olanlar bilir bu durgunluğu –
Bir de ölüler.   Kalkıp temizlemeli ortalığı.

Beyaz mermerler ve kırmızı gelincikler veremediler ona
büyütsün diye onu yeniden. Gitmek istiyor oraya,
tırmanması imkânsız yükseklere bakıp titremek istiyor,
uçları yenmiş tırnaklarıyla, dişleriyle
bir hayvan gibi eşmek istiyor sert kayalıkları
kumsalda, sığ yerlerdeki kemikler arasında,
bulmak istiyor parçalarını oğlunun, bulup getirmek hayata.

Kızıldı deniz, ama şimdi dönecek Ege mavisine.
Oğlu böyle geri gelmez, tertemiz yıkanamaz;
bazı tanrılar bir döngü emreder, bir girdap gelgitte,
parçalar bulunur, birleşip omurgası olur bedende.
Mektubunda – 'kan var her yerde anne,
ve bitecek gibi değil Noel'den önce. Başka bir şey anlatamam
inanç yok hiçbir yerde' – diye yazmış,
ama saklamıştı asıl mektupları sardalye kutularında

bilmeden geri gönderdiler. Kutuyu açtığında
balık kokulu bir korku süzüldü mavi kurşun kalem çizgilerinden
geceleri sarılacak kimse yoktu artık oğluna
korktuğunda annesinin okşaması gibi saçlarını çocukken.
'Mezarını doldurmaya yetecek parça bulamadık Charlie'den.'
Düşündükçe oğlunun korkularını, delindi yüreği, boğazı kesildi,
sesini kaybetti ve geri gelsin istemiyor artık kısılan sesi.

She sits still, cold, empty-veined – wonders –
at ten million dead will peace last?
One day will we trade with them again, marry their sons
that are left, and will it somehow have been right?
They have signed all the papers. The 'war to end all wars'
is over, they say. The ordeal done.
She sits, still, dripping.   She must just clear up.

Öylece oturuyor, üşümüş, kan çekilmiş damarlarından – merak ediyor –
on milyon ölünce mi, barış gelecek sonunda?
Bir gün onlarla işimiz olacak mı yine, evlenecek miyiz
geride kalanlarla, ve bütün bunlar doğru olacak mı her nasılsa?
Bütün belgeler imzalandı. Diyorlar ki 'tüm savaşları bitiren savaş'
bitti sonunda. Çile kalmadı.
Oturuyor, hareketsiz, akıyor reçel.   Kalkıp temizlemeli ortalığı.

Ways of Seeing

*The strange power of art is sometimes it can show that what people have in common
is more urgent than what differentiates them.*
       – John Berger, *Miners, exhibition catalogue*, 1989, *Keeping a
       Rendezvous*, 1992

I   Sketches at Gallipoli, 1915

Watercolours and drawings of Major LFS Hore (b.1870 India, d.1935 New
Ireland), rediscovered in the Mitchell Library, Sydney, N.S.W.

He'd wanted to paint but there was no drying time for oils there.
Ink, pencil and watercolour make the sketches so soft
you wonder at the ferocity of battle that surrounded him.
Almost pastel, a wash of creams and soft browns, purple hills
under cornflower-blue skies, shroud the images in sweetness.
Yet of his men in the 8th Light Horse at the Battle of the Nek,
10 out of 12 fellow officers were carved to crimson by the new war,
and only 5 percent of the men were left alive.

There is a porcelain fineness in detail, an elegance of nib.
He captures the edges of empire, Indian and Maori.
A huge *Poupou* guards that contingent's place
in the *Great Sap*, for men who would use their old
warrior strength in support of the Empire.
'I am well,' wrote Huira Rewha to his family
as he headed for Gallipoli, 'my only grief is
I hear nothing but the English voice.'

Hore's *Bathing Party* slips into a dark-blue sea at night
under the sphinx and full moon above;
not a boat in sight, not a barge about to be blasted to pieces,
legs and arms lying about in jumbled disarray
as if discarded with clothing before their swim.
Tea on the terrace is irony in colour,
a lurid sunset, officers squatting in scrubby sandhills while
opposite across a still bay, Imbros and Samothrace lounge.

Görme Biçimleri

Sanatın tuhaf gücü; kimi zaman insanların ortak yönlerine, farklı yönlerinden daha acil ihtiyaç duyduğumuzu göstermesinde yatmaktadır.
– John Berger, *Madenciler, sergi kataloğu,* 1989, *Randevuya Gitmek,* 1992

I Gelibolu'da Eskiz, 1915

Binbaşı LFS Hore (d.1870 Hindistan, ö.1935 New Ireland) suluboya ve karakalem çalışmaları, Mitchell Library, Sydney, N.S.W.'de yeniden ortaya çıkarıldı.

Resim yapmak istiyordu, ama yoktu boyayı kurutacak zaman.
Mürekkep, kalem ve suluboyayla öyle yumuşaktı ki eskizler
sanırsınız sebebi, savaşın şiddetidir çevresini kuşatan.
Neredeyse pasteldi, biraz krem ve açık kahve, mor tepeler
peygamber çiçeği mavisi göğün altında, sımsıcak örtülürdü imgeler.
Yine de Nek Savaşında, 8. Hafif Süvari Birliğindeki adamlarından,
12 subaydan 10'u yeni savaşın kızıl kanları içindeydiler,
ve sadece yüzde 5'i kaldı yaşayan.

Porselen inceliği vardı detaylarda, uçlarda bir zarafet.
İmparatorluğun uçlarını yansıtıyor resimleri, Hint ve Maori'yi.
Büyük bir Maori totemi koruyordu birliğin yerini
Büyük Siperde, kullansın diye askerler
İmparatorluk savunmasında eski savaşçıların kuvvetini.
'İyiyim,' diye yazdı Huira Rewha ailesine
Gelibolu'ya giderken, 'tek bir kederim var
o da sadece İngilizce duymak başka sesler yerine.'

Hore'un *Yüzme Partisi* kayıp gider geceleri koyu lacivert denize
sfenksin altında ve dolunay üstte,
hiçbir tekne yok görünürde, ne de mavnalar paramparça olmak üzere,
kollar ve bacaklar karmakarışık yayılmış yerlere
sanki çıkarılıp atılmış giysiler gibi yüzmeden önce.
Terasta Çay ise renkli bir ironidir,
kızıl bir günbatımı, çömelmiş subaylar çalılık kum tepelerinde
durgun bir koya karşı, Gökçeada ve Semadirek uzar gider önlerinde.

Three ships rest near the golden pathway of a red
sinking sun. June 1915 – maybe June 4 –
a quiet evening after 'an exquisite summer's day'
for the Third Battle of Krithia, 6000 allied casualties,
9000 Turkish dead. Or June 18 when Hamilton and
his staff, in celebration of the hundredth anniversary
of the Battle of Waterloo, dined on crayfish
watching languid summer skies from the safety of Imbros.

After Gallipoli – France, appointments and awards. Who knows
what else he carried with him to the colony of a colony,
as he retired quietly in faraway Rabaul, silent New Ireland.
You have to wonder what it was he kept out of the sketches;
what stayed with him. There are no battles, no blood, just
ordinary life in a mad new existence. The smallness of his paper
allowed such intimacies with landscape, such smallness of citizenry
in his almost-vacant Gallipoli. And yet, he was there.

II   The Myth Rider

Sidney Nolan, 'The Gallipoli Series'

His brother's ghost is everywhere,
grief being a strange creature in the forms it takes
to visit and revisit. Drowned in a dam waiting for
demobilisation in a second 'world war',
Raymond Nolan is lying submerged
in the *Drowned Soldier*, a failed Icarus; and
held by his father – still drowning – in the diptych *Gallipoli*.

Nolan harnessed his nemesis in Troy,
a myth never able to be buried while it lay ghostly
opposite fields of bones on ragged Gelibolu.
Visiting, gaze as alert as a sniper's,
his body took in the intimate trenches,
thin beach, bluebell sea, bare patched rock,
and the cartridge he held in his hand
inscribed with some other body's shattered memory.

Üç gemi demirlemiş altın rengi yakamozlarında
batan güneşin. Haziran 1915 – belki de Haziran'ın 4'ü –
sakin bir akşam vakti, 'enfes bir yaz gününün' ardından,
Üçüncü Kirte Muharebesi bitmiş, 6.000 kayıp müttefiklerde,
9.000 Türk şehit. Ya da 18 Haziran, Hamilton ve adamları
kutlarken Waterloo Savaşının yüzüncü yılını,
ıstakoz yiyorlar akşam yemeğinde
durgun gökyüzünü izleyerek Gökçeada'dan güven içinde.

Gelibolu'dan sonra – Fransa, atama ve ödüller. Kim bilir
başka ne taşıdı yanında koloninin kolonisine,
emekli olup giderken uzaklara Yeni İrlanda'daki Rabaul'a sakince.
Merak edersin mecburen neleri dâhil etmedi eskizlerine:
yüreğinde kalan. Ne savaş, ne kan var artık, sadece
sıradan bir hayat, çılgın, yeni bir varoluşta. Kâğıdının küçüklüğüydü
izin veren böyle yakınlıklara yeryüzüyle, böyle küçüklüğüne yurttaşlığının
neredeyse bomboş Gelibolu'da. Ve oradaydı yine de.

II   Mit Sürücüsü

Sidney Nolan, 'Gelibolu Serisi'

Erkek kardeşinin ruhu her yerde,
tuhaf bir yaratıktır keder, dönüp dolaşıp farklı biçimlerde
yeniden ziyaret eder. Boğulup bir barajda
terhisi bekliyor ikinci bir 'dünya savaşında',
Raymond Nolan suya batmış yatıyor
Boğulmuş Asker tablosunda, başarısız bir İkarus; ve
babası tutuyor onu – hâlâ boğuluyor – diptik *Gelibolu* resminde.

Ele geçirdi düşmanını Nolan Truva'da,
hiçbir zaman gömülememiş bir mit, hayalet gibi yattıkça
darmadağınık Gelibolu'nun kemik tarlalarında.
Ziyaret ederken, keskin nişancılarınki gibi uyanık,
bedeni giriverdi içine o samimi siperlerin,
incecik kumsal, sümbül mavisi deniz, çıplak bir kaya,
ve elinde tuttuğu mermi kartuşunun üzerine
kazılıdır anısı bir başka bedenin paramparça.

In his camera-click eye, his 'quiet and sharp way of looking'
he caught the body of the place in memory,
landscapes that entered into his soldiers and they inside it;
fleshy then fleshless, bone then dry dust,
uniforms rotted or behind glass.
Gallipoli soldier with plume and rifle became
a body in tawny striations of yellow cliff
still watching over that synonymous past.

His landscapes have no aerial views.
He sat amongst the ridges, bluffs and valleys,
those scrubby trees and sliding scree.
He stood before steep cliffs scraped out of marbled sandstone,
on narrow beaches that swelled once with steel and canvas,
so many dead horses, the tide uncovered them constantly,
washed them bloated into the narrows where they floated
belly-up, legs mistaken for periscopes.

Drab browns and khaki are stricken round with
blazing Aegean-blue, poppy-red, blood-purple.
In one, a dawn of gold and green – too obvious
to mean the birth of a nation.
Sometimes the cliffs are washed with pink –
remembrance of beauty's blush in savage
battlefields of wildflowers, herbs, nightingales –
or remnants of smeared blood.

So desperate to shed lice, *Swimmers at Gallipoli*
bathe in seas under open fire, leaping.
In multiple *Head* portraits, innocence is dying as war goes on
and on, eyes blue, then purpling, bloodshot in stages,
unmasked and empty, closed with death
or exhaustion or horror, until simply
Gallipoli Skull remains, behatted, teeth leering,
clean as a drought-dried horse picked by birds and wind.

Fotoğraf makinesine benzer gözlerinde, 'sessiz ve keskin bakışlarında'
manzaranın bütününü yakalıyor hatıralarda,
askerlerinin içinde girdiği araziyi;
etiyle, sonra etsiz, kemik, kuru toz halinde,
üniformaların içinde çürümüş ya da bir camın gerisinde.
Madalyalı ve tüfekli Gelibolu askeri döner
sarı kayalıkların kahverengi damarlarında bir gövdeye
hâlâ izler oradan aynı anlama gelen o geçmişi.

Onun manzaralarının havadan görüntüsü yoktu burada.
Durup baktı bayırlar, kayalıklar ve vadiler arasında,
bodur ağaçlar ve kayan taş yığınları boyunca.
Ebruli kumtaşlarının dik uçurumları önünde,
dar kumsallarda, ki bir zamanlar çelik ve kaput bezi
ve ölü atlarla doluydular, dalgalar çıkarırdı durmaksızın ortaya,
sürüklerdi şişmiş gövdelerini dar boğazlara
karın üstte, periskoplara benzerdi bacakları sudan çıkınca.

Donuk kahverengi ve haki renkler keskin bir Ege mavisi
gelincik kırmızısı ve kan moruyla çevrelenmişler.
Birinde, altın sarısı ve yeşil bir şafak ¬– öylesine belirgin
düşünürsün ki, bir ulusun doğuşu anlamına gelir bu renkler.
Kimi zaman pembeye boyanır kayalıklar –
Güzelliğin utancını hatırlatırlar acımasız savaş alanlarında
yaban çiçekleri, otlar ve bülbüllerle arasında –
ya da kan bulaşmış kalıntılarda.

Umarsızca dökmek için bitlerini, *Gelibolu'da Yüzücüler*
yıkanıyorlar denizde, açık ateş altında, sıçrayarak.
Pek çok *Baş* portresinde, ölüyor masumiyet savaş sürdükçe
hiç durmadan, gözler mavi, sonra mor, kan çanağı her aşamada,
maskesiz ve boş, kapanmış ölümle birlikte
ya da yorgunluk veya korkuyla, ta ki sadece
Gelibolu Kafatası kalana dek, şapkasız, sırıtıyor dişleri,
tertemiz, kuşların ve rüzgârın didiklediği kurumuş bir at gibi.

He scored the paper with war for twenty years,
images becoming more broken.
At first *The Myth Rider* gallops through night,
horse strong beneath him, paint thumbed on,
blue and red swatches in deathly strips across both,
phantom face young and keen, brim and plumes, stiff and new.
Later, feathers wilting from his slouch-hat,
he crouches in tightrope balance, ready to jump.

His figures in battle are so violent –
striking at each other in frenzy –
you feel the painter belted the paper with paint
as Xerxes once had the Dardanelles whipped
for refusing to allow him to cross, his bridges washed out.
If he hits hard enough perhaps grief will be worn away,
loss be forced into flight, and everything his uncle saw
in that war passed over, forgotten, erased.

III   Çanakkale revisited

Fehmi Korkut Uluğ (1945–), *Gallipoli War of 1915* series, Çanakkale Military
Museum, Turkey

We stumbled on them by accident,
intent on the castle closed for renovation.
There was another eye there too:
Colonel Haydar Mehmet Alganer's box camera.
It took the famous photo of Kemal Atatürk
leaning over trench walls at Ari Burnu,
determined leadership in every muscle.
One snap that created an iconic future.
In all that fear and confusion, Alganer took a shot
that ricocheted down a hundred years of
hallways, living rooms, parliaments, museums,
onto mugs, into rugs and embroidery.
A photo that captured moment,
that allowed itself to be hung many times over.

Savaşı çizdi kâğıtlara yirmi yıl boyunca,
her seferinde daha da parçalandı imgeler.
Önce *Mit Sürücüsü* dörtnala koşar geceyi,
at güçlüdür altındaki, tam uymuştur rengi,
mavi ve kırmızı renkler ölümcül şeritlerle geçer ikisini,
hayali bir yüz genç ve istekli, siperlik ve tüy, sert ve yeni.
Sonra çöker yere, tüyler solar fötr şapkasında,
atlamaya hazırdır, gergin ip üzerinde dengeli.

Şiddet yüklüdür onun savaş desenleri –
öfke içinde çarparlar birbirlerini –
ressamın kağıdı kemerle dövdüğünü duyarsın sanki
Serhas'ın Dardanel'i bir zamanlar kamçıladığı gibi
geçmesine izin vermediği için, sele kapılınca köprüleri.
Yeterince sert vursaydı, keder kalmayacaktı belki,
amcasının o savaşta görüp, anlattığı her şey geçer
geçmişte kalsın kayıplar, unutulanlar, gömülenler.

III   Çanakkale yeniden

Fehmi Korkut Uluğ (1945–), *1915 Gelibolu Savaşı* serisi, Çanakkale Askeri
Müzesi, Türkiye

Basıp üstlerine tökezledik kazara,
dalmış yürürken onarım için kapatılmış kalede.
Bir başka göz daha vardı orada:
Fotoğraf makinesi Albay Haydar Mehmet Alganer'in.
En ünlü resimlerini çekmişti Kemal Atatürk'ün
Arıburnu'nda eğilip yaslanırken üstüne siperlerin,
tüm kaslarına işlemiş o kararları duruşuyla liderliğin.
Tek bir çekim iz bıraktı geleceğe.
Tüm o korku ve karmaşada, çekti Alganer o fotoğrafı
günümüze sekip gelen yüzyıllık bir geçmişten
koridorlardan, oturma odalarından, meclislerden, müzelerden
halılara, nakışlara, fincanlara işlenen.
Bir fotoğraf ki anı yakalayan,
defalarca duvarlara asılan.

But the paintings that shroud these walls
are singular, to be experienced here, now.
Like memory passed down,
Korkut Uluğ's work swims in a mistiness of paint,
haze of that real battle a century behind them,
yet with that same lack of clarity in action, in outcome.
Uluğ's war is a black huddle over and over –
the only light that shows, strikes off the bayonets.
In *Conk Bayırı* (Chunuk Bair) it flashes in darts,
in star-bursts out of that same muddle of dark death
at the heart of each Gallipoli battle, limbs crushed together,
bone split, mouths agape around shattered tongues.
But you can't see the details,
so melded together are the men.

Sharpness is a language we learn.
Diamonds, stars, glistening shears of white –
bayonets are always present, thrusting and deadly.
Stabbing Turk in *Gelibolu Sirtlari*
dances as if in the *Kilic Kalkan*, sword dance,
all rusty coloured, autumnal death – all snakestrike.
That rust, heated up to maple-leaf-red, advances on the Anzac
in *Haydi Avusturalya!* (Come on Australia.)
At his back, the glow from a white sky
sharpens the bayonet he holds ready,
gleaming clean as the Turk's in purpling night,
whose own is held up like a lantern to lead those at his rear
he must hope are following onward,
in *Allah, Allah, Allah.*

Fakat bu resimler duvarları kaplayan
benzersizdir, burada görülebilirler, şimdi.

Tıpkı geçip giden anılar gibi,
Korkut Uluğ'un tabloları bir sis içindedir yağlıboyadan,
yüzyıl önceki o gerçek savaşın pusu hâlâ yoğun,
yine de eylem ve sonuç yoksundur açıklıktan.
Uluğ'un savaşı kara bir karmaşadır tekrarlanan –
içinden sadece süngülerin ışığıdır yayılan.
Conk Bayırı'ndaki hamlelerde parlarlar,
yıldızlar gibi, ana görüntü o aynı karmaşada kara ölümü andıran
Gelibolu muharebesinin kalbinde, kırılmış kol ve bacaklar,
kemikler ayrılmış, diller paramparça, açık kalmış ağızlar.
Fakat görülmez ayrıntılar,
insanlardır birbirine eriyip yapışan.

Şiddet öğrendiğimiz bir dildir.
Elmas, yıldızlar, pırıl pırıl ışık kırılmaları –
hazırdır her zaman süngüler, saplanmaya, öldüresiye.
Süngüleyen Türk *Gelibolu Sırtları* tablosunda
sanki dans eder gibidir Kılıç Kalkan resminde,
tüm renkler paslı, sonbahar ölümü – tüm yılanlar saldırıda.
O pas, akçaağaç kızılına çalıyor Anzak askerine doğru
bir başka tabloda, *Haydi Avusturalya!*
Onun ardında, beyaz göklerden bir ışık
keskinleştiriyor elindeki hazır süngüyü,
tertemiz parlıyor tıpkı rakibininki gibi mosmor gecede,
bir fener gibi tutuyor süngüsünü ışıtmak için ardındakilerin yolunu,
umuyor ki *Allah, Allah, Allah* tablosunda
takip etsinler onu.

On *Bloody Hill* no light but a bright-blood sky
thick red oils near to dripping,
land itself blown apart, holed, abused. *Kanlı Sırt* (Lone Pine)
is gory confusion, dark-scarlet centre,
abstract in everything but those blades again and
bullets that rise above the bloody mass
where you think you can see a hand, a cheek
belonging to who knows which men
clustered without definition, intertwined,
interwoven, stuck together in a scrum of wounding
tight as those metal-masses retrieved after the war.
Firing so close repeatedly, men bunched so tight,
bullets pierced through each other into a tangled mess,
impossible to know whose they were.

In *Last Photo Before Death* there are only 10 soldiers,
as if a close-up shot was taken. And a young deer.
But in the black-and-white image from 1915 there are
80 men, all sitting, two dogs and the deer curled up, ears pricked –
the 12th infantry division from Izmir.
Uluğ's grandfather is Hasan Fehmi, fifth man from the right,
handsome, his back upright, moustache even.
Wounded, he will be the only man left.
Binoculars hang from his neck, his face
half-shadowed, tired, resigned, set-jawed.
Each anniversary following –
for nine years before his death – he will offer
a prayer at the mosque for each of his fallen comrades.
It must have taken a long time.

Kanlı Sırt'ta ışık yok, kan kırmızı bir gökyüzü var yerine
kan rengi yağlıboya damlıyor kenarlardan adeta,
toprak yarılmış, çukurlar açılmış. *Kanlı Sırt* (Lone Pine)
kanlı bir kargaşadır, gelinciklerin koyu kızıl merkezinde,
soyutluk var her şeyinde, fakat kılıçlar var yine
ve yükselen mermiler kanlı yığınların üstünde
bir el, bir yüz görmeyi düşündüğünüz o yerde
kim bilir kimin eli, kimin yüzü
tanınmaz halde, karışmış birbirine,
iç içe geçmiş, yaralar birbirine yapışmış
savaştan sonra toplanan metal hurdalar gibi sıkı.
Kenetlenmişler sımsıkı, ateş açıldıkça durmadan yakından,
mermiler birbirine dolamış delip geçmiş bedenleri,
imkansız artık anlamak kim kimin şehidi.

Yalnızca on asker var *Ölümden Önceki Son Fotoğraf*'ta,
sanki yakın çekim alınmış gibi. Ve genç bir geyik bir de.
Fakat 1915'ten kalma siyah beyaz resimde
80 kişi var, oturuyor hepsi, iki köpek ve bir geyik, kulaklar dik –
İzmir'den gelen 12. piyade tümeni.
Uluğ'un dedesi Hasan Fehmi, sağdan beşinci,
yakışıklı, sırtı dimdik, bıyıklı.
Yaralı, bir o kalacak geriye içlerinden.
Dürbünü boynuna asılı, yüzünün yarısı
gölgede, yorgun, uysal, kararlı.
Sonraki her yıldönümünde,
ölümünden önceki o dokuz yılda, dua ediyor
şehit düşen arkadaşları için her gün camide.
Ne kadar çok zaman almış olmalı.

And here beside *Martyrdom*
 – the wounded Turk crawling towards death –
out of a pale golden fog struggles Mehmetçik
shouldering a wounded Johnny Mehmetçik
to return him to his own troops.
And the personal leads the hand to the brush.
Nolan's unleashed grief for his brother, for the dead young.
Uluğ's lost grandfather, alive alone among his men.
Hore's quiet avoidance of slaughter on his page.
In art, that unholy creature death is forestalled.
The silence of paint narrates beyond the concrete,
colour and texture its only means to connect.
Beauty overtakes, beauty from the horror of
the lost, still in the blood-caked soil.

Ve işte hemen yanında *Şehadet* tablosu
– yaralı bir Türk sürünüyor ölüme doğru –
solgun altın rengi sisten çıkmaya uğraşıyor Mehmetçik
omuzlarında yaralı bir Johnny Mehmetçik
teslim etmek için onu kendi birliğine.
Kişisel hayatı eller fırçalarla anlatıyor böylece.
Nolan'ın kardeşine, ölen tüm gençlere kederi, kurtulmuş zincirlerinden.
Uluğ'un kaybettiği dedesi, yaşıyor hâlâ adamlarının içinde.
Hore'un sayfalarında duruyor imtina edişi öldürmekten.
Sanattır ölümün, o uğursuz yaratığın önünü kesen.
En somut haliyle anlatıyor her şeyi sessizliği boyanın,
tek aracı renk ve doku her şeyi anlatmanın.
Güzellik örtüyor üstünü, korkusundan doğan o güzellik
kayıpların, kanla kaplı toprağın.

Poppy-picking

for Meral, Bozcaada island/Tenedos, 2013

Not the soft wrinkled skin of old men –
papery, easily torn – or the crumpled blooms in our town plots.
Upright as tulips, Turkish Red Poppies are firm and sure,
they need just four petals, bright scarlet,
red as red can get, each with its eye kohl-black.

We are laughing like children,
racing through fields-full, higher than our knees.
They crowd the narrow roads of your island
spilling across runnels, under fences
as if they were once water, spreading in a flood.

We are poppy-hunters, poppy-picking.
We run ahead of the other women,
driving to lane's end, friends' building sites,
competing for the best field to harvest.
You hold them hostage with talk while I grab and gather.

We pluck the four petals. Pollen-loaded stems are
shocked, naked, worrying how to attract bees.
Velvet along our fingers we recall our babies' skin,
filling bucket after basket, harvesting till your small green car
is loaded with the lightness of their feather-weight.

At the house we wash them outside in basins.
Small creatures emerge to be purged,
bits of grass, poppy seeds, perhaps enough
to charm a winged monkey, put a lion to sleep
on their trudge behind the rainbow.

Gelincikler

Meral'e, Bozcada adası/Tenedos, 2013

Ne yaşlı erkeklerin kırışık yumuşak cildi –
kâğıt gibi kolay yırtılan – ne de park saksılarının buruşuk çiçekleri.
Laleler gibi dimdik, kendinden emindir Kırmızı Türk Gelincikleri,
alabildiğine parlak, kırmızı dört yaprak,
bir de gözlerine çekili birer kara sürmedir tüm istekleri.

Çocuklar gibi gülüyoruz koşarken,
boyu dizimizi aşan tarlalar dolusu gelincikleri.
Sokaklarını dolduruyorlar adanızın
saçılıyorlar dereler boyu, geçip altından çitlerin
sanki bir zamanlar yollara taşan seller gibi.

Gelincik avcısıyız biz, gelincik toplarız.
Koşup başka kadınları geçer,
yolun sonuna varırız, inşaatların ardına,
en güzel tarlayı bulmak için yarışırız.
Ben demetleri toplarken lafa tutarsın onları arkada.

Dört yaprağını yolarız. Polen dolu kökler
şaşkın, çıplak, arılar nasıl gelecek diye bekler.
Bebeğimizin cildini andırır kadife yapraklar parmaklarımızda,
tüy gibi yükle dolana kadar o küçük yeşil araba
ardı ardına doldurur sepetleri gelincikler.

Eve varınca yıkarız doldurup küvetlere.
Küçük böcekler fırlar içlerinden,
otlar, gelincik tohumları, yeter belki de
uyutmaya bir aslanı, uçan bir maymunu eğlendirmeye
gökkuşağının ardındaki merdivenlerde.

Over and over we rinse them, the spring heat on our backs,
flowers ruffling and crinkling in our cool hands.
It's like washing silk shirts. The pot in the kitchen
is boiling its sugary clouds. Your secret ingredient
that I am to take with me 'to the grave' is wafting old Morocco in.

When the jam is ready it cools into dark-claret shades
ready to sit in my bags with poppy lokum, red-poppy syrup,
travelling back to a country where red poppies only ever meant
grief over fields full of the bodies of dead young men,
a generation of women left unmarried, alone.

Now – you say to me – when you see red poppies you will think of these –
friendship in spring; wild flowering and its fruit; *gelincik*,
which means lovely 'young brides' in their ladybird beauty,
black eyes shining with happiness; the touch of red velvet,
of sunshine, wet silk; the sweetness of jam on the tongue.

Üst üste dururuz, yakarken sırtımızı bahar güneşi,
çiçekler kırışır, buruşturur sular serinleyen ellerimizi.
İpek gömlekleri yıkamaya benzer. Mutfaktaki tencereden
tatlı bir buhar yükselir. Hoş bahar kokuları tüttüren
senin o eşsiz tarifin benimle 'mezara' gidecektir.

Reçel hazır olduğunda koyu gölgeler çöker üstüne soğudukça
hazırım artık gelincik lokumu dolu çantamla,
gelincik şurubumla hüzünlü bir ülkeye yolculuğa
gelincikler yalnızca genç ölen adamlar,
evlenmemiş yalnız kadınlar anlamına gelir o topraklarda.

Şimdi – diyorsun ki bana – şunları düşün gelincikleri görünce –
bahardaki dostluğu; yabani güzelliği ve onun meyvesini; gelincik,
'genç bir gelinlik' kızdır hanımböceği güzelliğinde,
mutluluktan ışıldar kara gözleri, kadife gibi dokunur,
günışığı, ipek gibi; bir reçel tadı dilinde.

Other titles available from Spinifex Press

Perverse Serenity

Robyn Rowland

ISBN 9781875559138

What happens when an Australian feminist falls in love with an Irish monk? Robyn Rowland travelled to Ireland hoping to delve into her family's history. She circles the country, driving its roads in search of something more. What she finds is risk, uncertainty, clarity and turbulence. Is this love wasted, dry and juiceless? Or is the tearing what love should be all about? In poems that soar and wreck themselves at the base of cliffs, Robyn Rowland takes us into a raw and exultant world.

"The poems are characterised by a strength of passion, by a searching self-examination, by a daring of emotion that is reflected in the language and images."

— John Hanrahan

"Here is a picture of a woman's divided loves, for a love in Ireland and for one in Australia, drawn with rare honesty and a compelling strength of observation ... Here is writing not afraid to be vulnerable, not trapped in literary artifice, nor reticent about emotion, its hopes, its fears, its withdrawals and assertions, which we all share and which enrich our humanity."

— Barrett Reid

Valence: Considering War through Poetry and Theory

Susan Hawthorne

ISBN 9781876756987

> all day long the gods have been screaming
> their prevalent song of war and pre-emptive strike
> war leaves you gobsmacked words slaughtered in the throat

In this remarkable annotated poem, Susan Hawthorne commits to words the horrors of war that have been left unspoken. She shatters the conspiracy of silence and dares to draw links between militarism, fundamentalism and the sex industry. She rails against the violence of war and contemplates the link between place and the history of war that is infused into the earth. With a fresh examination of her surroundings, she considers the endless cycle of war that survives on the persistence of hope – hope of an end to war, hope of an end to suffering. This is a hope that Susan Hawthorne does not ultimately share, but her courage in telling the truth about war through her poetry is a gift for readers.

"*Valence* is a powerful book on a number of levels. It contains a powerful anti-war poem, rich in imagery and history, full of passion and measured anger. It also operates on a more direct level, directly confronting the culture, language and history of war. In the end it doesn't fit well in Auden's poetic valley – it is a work that demands to be widely read. Perhaps it should be compulsory reading [for anyone interested in] the Gallipoli landings."

— Mark Roberts, Rochford Street Review

Surviving Peace: A Political Memoir

Olivera Simić

ISBN 9781742198941

How do you pick up the pieces after your life is shattered by war? How do you continue living when your country no longer exists, your language is no longer spoken and your family is divided, not just by distance but by politics too? What happens when your old identity is taken from you and a new one imposed, one that you never asked for?

When Olivera Simić was seven years old, President Tito died. Old divisions re-emerged as bitter ethnic conflicts unfolded. War arrived in 1992. People were no longer Yugoslavs but Serbs, Croatians, Bosniaks. Old friends became enemies overnight.

In this heartfelt account of life before, during and after the Bosnian War and the NATO bombing of Serbia in 1999, Simić talks of her transition from peace to war and back again. She shows how she found the determination to build a new life when the old one was irretrievable.

Surviving Peace is one woman's story of courage that echoes the stories of millions of people whose lives have been displaced by war. As we still face a world rife with armed conflict, this book is a timely reminder that once the last gunshot has been fired and the last bomb dropped, the new challenge of surviving peace begins.

"Too often, when we read or hear news of wars in places we know only how to locate on a map, we forget that in each story there are people, people with histories and emotions and lives which are often irreparably damaged by the time the page is turned or the radio broadcast ends. Olivera Simić reminds us that war hurts people in so many, many ways and is never really over. It's an important and timely reminder of the truth."

— Madeleine Rees, Secretary General,
Women's International League for Peace and Freedom (WILPF)

Unmaking War, Remaking Men: How Empathy Can Reshape Our Politics, Our Soldiers and Ourselves

Kathleen Barry

ISBN 9781876756864

One day at a beach Kathleen Barry witnessed an accidental death. Seeing how empathy drew together the bystanders – strangers until that moment – in shared human consciousness, she asked: "Why do we value human lives in everyday moments but accept the killing in war as inevitable?"

In *Unmaking War, Remaking Men*, Kathleen Barry explores soldiers' experiences through a politics of empathy. By revealing how men's lives are made expendable for combat, she shows how military training drives them to kill without thinking and without remorse, only to suffer both trauma and loss of their own souls. With the politics of empathy, she sheds new light on the experiences of those who are invaded and occupied and shows how resistance rises among them.

Kathleen Barry asks: "What would it take to unmake war?" She scrutinizes the demilitarized state of Costa Rica and compares its claims of peace with its high rate of violence against women. She then turns to the urgent problem of how might men remake themselves by unmaking masculinity. She offers models for a new masculinity drawing on the experiences of men who have resisted war and have in turn transformed their lives into a new kind of humanity; into a place where the value of being human counts.

"Kathleen Barry focuses her laser-like intelligence on violence, militarism and core masculinity … Ignore this book at your peril."
— Robin Morgan

"In an era of perpetual war, Kathleen Barry asks the important questions: how do we learn and teach violence, and what does killing do both to us and our society? A provocative, impassioned and necessary exploration of a topic too often cloaked by euphemisms and evasions."
— Jeff Sparrow

If you would like to know more about Spinifex Press,
write to us for a free catalogue, visit our website
or email us for further information.

Spinifex Press
PO Box 105
Mission Beach QLD 4852
Australia

www.spinifexpress.com.au
women@spinifexpress.com.au